ドキュメント
激場
～機動隊員奮闘記～

竹内資郎
Shirou Takeuchi

学術研究出版

ドキュメント 激 場
～機動隊員奮闘記～ 目 次

まえがき

「断捨離」というのがある。自分はあまり好きな言葉ではないが、八十路半ばとなった今、何某かの片付けも必要になってきた。まず、処理しきれずに溜っていた現職時代の記録や各種の資料、それに写真などから手を着けようと、整理にとりかかった。しかし、いざ処分しようとなると、仕分けが大変だ。むやみに何もかも捨てると云う訳にはいかない。内容もよく見て整理しなければならないと思った。また、資料などに、改めて目を通しはじめると、整理の速度も遅滞がちとなるが、見て行くうちにだんだんと一つ一つの内容に懐かしさを憶え、捨てる気が薄れてしまった。

我が警察人生において、約半分の期間は、機動隊並びに関連する所属の勤務であった。「六十年安保闘争」の最中に機動隊員となった私は、労働史上空前絶後といわれた「三井三池争議」警備のため九州へ、大阪西成区の「釜ヶ崎暴動」の警戒警備や万博警備のため大阪へ、その外、沖縄返還闘争の警備で東京へ、成田空港開港に伴う千葉県出動などの県外出動も数多く体験した。最後には、あの「阪神淡路大震災」のときは、全国の機動隊の力強い支援をいただいたことなど、忘れがたいものがある。これらの関連資料は、自分の記憶だけに仕舞っておくことはできないと思うに至った。

そこで、機動隊並びに関連する所属での体験に特化した記録本として「激場」と題し出版することとしたものである。

もし、ご縁があって、この本を手に取ることがありましたら、ご叱声、ご批判などをいただけたらありがたく思います。

第一章　揺籃期

治安の闘士として

昭和三十四年六月一日、私は機動隊（当時は警備部特別機動隊）に入隊した。

世情は正に、「六〇年安保闘争」の前哨戦が始まろうとしており、連日のデモや集会、労働争議が頻繁に行われていた。入隊式の翌日から、警備部隊員としての厳しい訓練が待ち構えていた。三ヶ月間の特訓を経て隊長査閲で成果が試され、「概ね良好」との講評を得てはじめて一人前の機動隊員と認められたのである。

一日の有事のため千日の訓練を行う

機動隊の基本は「訓練に始まり訓練に終わる」と言っても過言ではないほど重要なことである。「特別機動隊隊訓」に曰く、「我らは警備警察の中核なり、心身連磨以って有事に備えん」を旨として、日夜訓練に励んでいた。

前述の如く、三ヶ月間の特別訓練で基本を叩きこまれたのも、「一日の有事のために兵千日を養う」という言葉のとおり、われわれ特別機動隊員は、正に一日の有事のために千日の訓練をしているのである。

旧特別機動隊庁舎　神戸市兵庫区松原通５丁目

訓練の成果が試される

訓練の成果は、時々の総合訓練等において試されるのである。ちなみに、その主なものを挙げれば次のとおりである。

■小野市における兵庫県・小野市・警察・消防などによる災害総合訓練

小野市と言えば、地元音頭の文句に「小野のそろ

小野市国宝浄土寺

ばん日本一よ、それに金物世界一」と謳われているように、そろばん生産量は全国の約七十五%、隣の三木市とともに金物の生産量も多いのである。また、国宝浄土寺の仏師快慶の作と言われる阿弥陀三尊立像は、木造としては日本一の大きさである。

一級河川の加古川上流にある小野市は、氷上郡氷上町にある分水嶺から西脇市にかけての線状降水帯の下流にあり、昔から洪水の多い土地柄であると言われてきた。

訓練場所は、国鉄加古川線粟生駅の近くの河川で、土のう作りや、折り畳みボート操法、救命索発射訓練などを行った。

■淡路洲本の大浜海岸における警察・消防・海上保安庁などによる水難救護総合訓練

訓練場所である「大浜公園」は、洲本港から三熊山ろくまでの南北五百m、東西八十mのところである。白砂青松の海岸で、水美しく遠浅で海水浴場として最適である。

訓練は、足ひれ、シュノーケルを装着した溺者救助訓練、ゴムボート、折り畳みボート操法など。

洲本大浜公園（洲本城跡からの眺望）

訓練の圧巻は手旗交信であった。海上保安庁の救難艇から当方に向け発せられた手旗信号を我が機動隊剣道特練海軍経験者の隊員が、見事な手さばきで応信し、参加者から拍手喝さいを浴びたことであった。

■加古川市における兵庫県・東播各市町村・警察・消防などによる災害総合訓練

一級河川加古川は、市の中流あたりの上荘町国包付近で、昔から大洪水が発生していたところである。

国包の家並みの中に突如として現れる小高い丘を見ることができるが、これは国包出身の大阪商人・長浜屋新六郎が郷里のために築いた「築山（つきやま）」という人口丘で、洪水が多かったこの地で多くの人々や家畜の命を救ったと伝えられている。頂上には、地元の人々が感謝の気持ちと安全への祈りを込めて建立した築山神社と創建時に植えられたという推定樹齢二百年の市指定の文化財「国包の榎・椋の樹」がまちを見下ろすようにひっそりと佇んでいる。

昔、ある考古学者から聞いたことがある。「地形的には、大昔は加古川の河流は明石の魚住の方に流れていたのを、国包の上流辺りから西に曲げて新流を作ったと考えられる」。したがって、国包あたりの洪水が度々起きたものと思われるのである。

築山神社と国包の榎・椋の樹
（加古川市指定文化財）

我が機動隊の訓練は、土のう作り、ゴムボート、折り畳みボート操法、救命索発射訓練などを行った。

■須磨海岸における兵庫県・神戸市・警察・消防・海上保安庁などによる災害総合訓練

訓練場所の須磨海浜公園は、住友別荘跡を神戸市が整備したもので、公園内にある老松（磯馴松）は、すべての枝が東南方に向き、見事な造形を見せている。浜辺では若いカップルや家族連れの散

須磨海岸海水浴場

策、釣を楽しむ人など、のどかな風景も見られる。

海岸一帯は養浜事業が進み、東西約二キロの間は昔ながらの白い砂浜がよみがえり、阪神間唯一の海水浴場として、京阪神をはじめ各地から例年約百万人の浴客が訪れ、混雑を繰り返している。

ここでの訓練は、警察・消防・海上保安庁などによる台風による高潮被害、地震による津波などを想定した被災者救助、避難誘導訓練とともに、海水浴客の水難救助訓練も実施した。

「野外訓練も重要な訓練の一つである」

厳しい文字どおり血を吐くような訓練が本来の機動隊訓練とすれば、「野外訓練」は、部隊輸送や宿営・炊飯、さらには災害時活動における地形確認など非常時のための重要な訓練である。

屋外に出て各地へ行くのは本当に楽しい。隊長以下全隊で行くもの、中隊毎に行くもの及び各小隊単位で行くなど様々な場合がある。次に印象に残っている事例を挙げてみる。

■須磨アルプス縦走訓練

昭和三十四年、鉢伏山～鉄錨山～旗振山～高倉山～妙法寺を経て高取山へのいわゆる須磨アルプス縦走訓練を行った。

須磨アルプスは、花崗岩むき出しの岩稜帯を歩くコースでスリル満点のコースである。

須磨アルプスは初心者向けのコース

須磨アルプス・馬の背

であるが、コースの核心部は風化が激しく、歩行には注意が必要である。特に馬の背は両サイドが切れ落ちた尾根で、人ひとり分の細い道を歩くので、雨天時や強風時には特に注意を要する。

須磨は、歴史ある名所・旧跡が多く、訪ね歩くと社会勉強にもなるのである。その幾つかを紹介すると、もとの武庫離宮跡で欧風の噴水、滝、花壇、石畳の遊歩道など、松と石と水のテーマを巧みに配し、自然美と人工美が調和された美しい「須磨離宮公園」や、鈴鹿、不破、逢坂の三関に次ぐ重要な関であったといわれ、奈良時代の日本古代の関である「須磨の関跡」のほか、仁和二年（八八六）聞鏡上人が開基された古刹で、桜の名所としても知られ、宝物館には国宝の十一面観世音木像や、平敦盛が愛用していた青葉の笛などが納められている真言宗須磨寺派の大本山・「須磨寺」などがある。

■赤穂御崎での野外訓練

昭和三十六年、夜営、炊飯、手旗通信、逓伝などの技術習得のための野外訓練を行った。

赤穂御崎は、昭和二十五年五月、赤穂市御崎海岸から丸山海岸にかけた二、三キロメートルの地域が、瀬戸内海国立公園に編入された。時間によって七色に変わるという播磨灘の水平線に家島群島がさまざまの姿で並び、南西には、小豆島が大きくかすむ雄大な展望は国立公園の名にふさわしい。

赤穂御崎（瀬戸内海国立公園）

赤穂と言えば、忠臣蔵のふる里。赤穂城跡や大石神社、浅野家の菩提寺・花岳寺など観るべきものが沢山ある。

■猪名川渓谷、宝塚方面への野外訓練

昭和三十六年、部隊輸送、野営、炊飯、通信などの技術向上を図るため、中隊での野外訓練を実施した。

猪名川は、川西市と隣接の大阪府池田市は古くから交流があり、毎年八月二十四日には両市共催の花火大会が開催され、約八万人の両市民が花火を楽しんでいる。機動隊からもこの花火大会には、毎年警戒活動に従事していた。

猪名川渓谷近くには、多田源氏発祥の地といわれる「多田神社」がある。猪名川河畔にある多田神社は、大江山の鬼退治などで知られる多田源氏の祖廟で、天禄元年（九七〇）源満仲が建立した。以後、源氏を称する北条・足利両氏が、堂塔の建立、鎮守の造営、廟城の修営、供料田畑の寄進などを行っていたが、保元の乱（一一五六）で焼失したため、北條泰時が再建した。

多田神社（源満仲・頼光廟）

その後文明四年（一四七二）足利氏の推奏により正一位に推され、多田権現と号したが、廃仏毀釈によって仏舎を廃し、神社として現在に至っている。現在の社殿は徳川家綱（四代）の建てたもので、宝物館には源氏の宝刀鬼切丸のほか、千数百点もの美術品が保存されている。

■姫路市廣峰山における野外訓練

昭和三十七年一月頃、姫路市廣峰山に登り、野営、炊飯、通信の外、模擬弾による催涙ガス訓練を実施した。

広峰神社は、姫路市広峰山山頂にある神社で、大へんご利益のある賞罰厳重な神社で、播磨の国は勿論、他国からも崇敬篤い多数の善男善女が参詣し、その有様は紀州の熊野権現にも劣らないほどで

広峰山頂・無線中継所にて

あるといわれてきた。

その由緒は、元正天皇の霊亀二年（七一六）、吉備真備は唐に渡り陰陽を極めた。聖武天皇の養老六年（七二二）に帰朝し、この山の麓で一泊した時、夢枕に貴人が現れて、山にお祀りしたのが牛頭天王である。数年を経て、平安京が営まれた時、東方守護のために京都祇園荒町にお遷ししたといわれ、広峰神社が京都祇園社の本社であるといわれているが、双方の見解の違いは今も論争が続いていると承知している。

「山岳救助訓練も実施した」

豪雪地帯がある但馬地方の遭難や豪雪被害を想定し、スキー訓練を実施した。

昭和三十八年二月、戸倉スキー場において、各小隊から選抜された隊員が参加して、スキーによる基本訓練が行われた。二泊三日のスキー講習ではあったが、その年の「但馬地方の豪雪被害の警備活動に早速役に立つことが出来ようとは思わなかった。この状況については後で詳しく説明する。

なお、訓練をした「ばんしゅう戸倉スキー場」は、宍粟郡波賀町戸倉にある上級者から子供、ファミリーまで楽しめるコンパクトにまとまったスキー場である。上級者は、すり鉢状の地形と方斜斜面の振子沢ゲレンデ（約四百ｍ）、中級者には、幅約五十ｍフラットバーンのみはらしゲレンデ（約三百五十ｍ）、初級者には山の地形を生かしたフラットボトムの高丸ゲレンデ（約五百ｍ）などがあり楽しめるスキー場である。

スキー訓練を終えて
（ばんしゅう戸倉スキー場にて）

兵庫県にはこのほかに神鍋高原スキー場、ちぐさ高原スキー場、ハチ北高原スキー場、ニュー小代スキー場、美原高原スキー場などがある。

「一般警戒出動は日常勤務」

機動隊の日常勤務の一つとして、一般警戒警備出動がある。それは競輪・競馬・競艇場など公営競技場の警戒活動、甲子園球場・西宮球場など野球場における雑踏警備・警戒活動、その他神社などの祭礼行事に伴う雑踏警備・警戒活動などである。それどれについて主なものを拾ってみることにしょう。

神戸競輪場警戒勤務中

■競輪場警備

昭和三十四年ごろには、神戸競輪場・明石競輪場・西宮競輪場・甲子園競輪場の四か所で順次競輪が開催されていた。競輪場は種々の犯罪の温床となっていた。その代表的なのが「ノミ行為」である。ノミ行為とは、胴元のノミ屋が正規の車券を買わずに客に賭けさせて、掛け金を自分で呑んでしまうことを言う。これは自転車競技法違反であり、犯罪である。今一つは「コーチ屋」と称するもので、あらかじめ目を付けた客に言葉巧みに言い寄り着順を予想して教示し、当該車券が当れば、半ば強制的に分け前を強要する手口の恐喝事件である。

その他の犯罪としては、「暴力スリ」や「暴行・傷害・器物毀棄」などがある。

競輪場警備で一番気を使うのは、着順判定や八百長が疑われるレースで観客が集団で暴れ出して暴徒と化す騒擾事件に発展する様な事案である。機動隊員として在籍中に一回だけ判定を不服として不穏な状況になりかけたことがあった。この時は、小隊長の適切な指揮により、隊員を分散して観客席に投入し、これを封じ込めたことがあり、事なきを得たという体験があった。小寺忠男小隊長の冷静な判断と毅然とした態度に心から敬服したものである。

■競馬場警備

当時、兵庫県下の競馬場は、中央競馬の阪神競馬場、地方競馬場として園田競馬場と姫路競馬場があったが、機動隊として警備に行くのは、阪神競馬場と園田競馬場であった。

中央競馬場の阪神競馬場は観客もおとなしく冷静で態度もよかったが、地方競馬の園田競馬場は、観客がレースを楽しもうという余裕がなく、毎回レース終了ごとに、どよめきとため息が大きく、また、落胆のいろが濃くなっていった。園田競馬は過ってレース判定を不服として観客が暴れ出し、場内が焼き打ちに遭ったという事件が発生ことがあったのである。それだけに常時気の抜けない問題の競馬場であり、万全の体制と細心の心配りが求められたのである。

阪神競馬場は娯楽性を求め、園田競馬場は、生活感と人間臭さが滲み出ているという特徴が表れていると実感していた。

ともあれ、在任中は両競馬場ともに大きな事案も発生せず、無事に任務を果たすことができて良かったと思っている。

■競艇場警備

兵庫県下には尼崎競艇場があった。この競艇場は湿地の泥沼を改修して造られたのであった。当時、尼崎市長だった坂本勝氏（後の兵庫県知事）が提案して造ったもので、プールを造ることで蚊が撲滅できるという利点もある、と云われていた。後日談として紹介されたエピソードがある。ある日の市議会で議員が「市長は競艇場を造ればここの蚊が居なくなると言われていたが、まだ多くの蚊が居るではないか」と質問したところ、市長は「約束どおり蚊は確かに居なくなっている。今も居ると云うのは西宮から飛んできた蚊だと思う」といって煙に巻いたという嘘のような本当の話が残っているそうである。

■野球場警備

西宮市には、阪神球団が本拠地とする「甲子園球場」と阪急球団が本拠地とする「西宮球場」があった。主に機動隊が派遣されていたのは、甲子園球場であった。春は毎日新聞社主催の選抜高校野球選手権大会、夏は朝日新聞社主催の全国高校野球選手権大会が開催され、これらの期間中には球場内外の警戒活動に当ったのである。

　高校野球の警戒には、約四年の機動隊在隊中、春、夏合わせて延べ七大会の警備に従事したことになる。

　高校野球にはいろいろな思い出がいっぱいある。出動中は毎朝午前五時半に機動隊庁舎を出発して午前六時半に現着していた。球場の食堂で朝食(ご飯とみそ汁、生卵とたくあん)をいただき、球場内外の警戒に着いていた。一日四試合であったが、延長戦になると四試合目は「ナイター」となり、帰隊するのが、午後七時頃になる時も度々あった。或る高校の投手が出て来ると、一球々々のインターバルが長いので試合時間が長くなってうんざりしたこともあった。長時間の勤務で帰りには、運も根も尽き果ててぐったりしていたというのが正直なところであった。

甲子園球場警戒勤務中

　高校野球の警備は、しんどい事ばかりではなかったのである。中でもいい試合を沢山見ることができたのである。溌剌としてプレーに打ち込んでいる選手の姿や、それどれ趣向を凝らし、選手を鼓舞するための応援団の懸命の声援など心打たれるものがあった。試合でとくに印象に残っているのは、「報徳高校」の試合であった。九回裏まで六点差で負けていた。しかもランナーなしのツーアウト、誰もが勝負あったと諦めかけていた時、ヒットや相手のエラーであれよあれよ！　と云っている間に六点差に追い付き、最終的にその試合を勝利したのであった。最後まで諦めない心構えが大切だと教えてくれた試合であった。
　次に悪い思い出として残っている事件をあえて記しておきたいと思う。それは野球賭博事件である。神聖であるべき高校野球で試合の勝敗を賭けの対象にしていたのである。私たちは情報を得て、外野スタンドを双眼鏡で見張っていた。する

阪神甲子園野球場

と胴元らしい男が動き出した。動静の観察を続けていると、張り子らしい男が近づいて紙片を渡し、お札らしいものを受け取ったのを確認したので外野スタンドへ急行した。胴元と張り客を確保して追及したところ賭博行為を認めたため現行犯逮捕したものであるが、その後は賭博行為は無くなったと聞いていた。

甲子園球場の警備は、高校野球の他にプロ野球の警備も行っていたのである。純真な高校野球の選手の姿を見慣れているせいか、プロの選手の動きは尊大で今一つ感動するものが無い。観客のマナーもあまり良いとは言えない。卑猥なヤジを飛ばしたり、物を投げつけたりすることもあった。

遂にプロ野球の恥部をさらけ出す事件が起こったのである、私たちの目の前で。某年某月のある日のこと、当日の試合は、阪神タイガース対大洋ホエールズの試合であった。阪神は優勝に一歩前進するかどうかの大事な試合で、選手も観客も相当ピリピリと殺気立っていた。これは何か起こるのではないか、との予感があった。それでも中盤までは何事もなく過ぎていた。このまま終わればよいが、と思った時、三塁上で火種が大きくなった。阪神の選手が三塁に滑り込んだ時、一方の大洋の選手が相手の選手の足を蹴ったことでトラブルとなり、観客を巻き込んで球場内が騒然となった。

スタンドからは缶やびんなどが投げられ、一部の者はスタンドの防護柵を乗り越えて、試合場に入ろうとした。私たちは声をからしてこれを阻止しようと必死であった。こんな状況が数十分続いたあと、少しは過激な行為は収まったものの、まだ予断を許さない状況の中で、この試合は成立せず、ドローゲームとなってしまった。

一方選手たちは、特に大洋の選手は外野スタンド下の通路から退場を余儀なくさせられるという前代未聞の出来事となってしまったのである。しかも、その後阪神の心ないファンが大洋の宿泊旅館にまで押し掛け、罵声を浴びせたり投石をしたりして騒ぎ出し、警察が排除するなどの事態にまで発展したのである。プロ野球史上大きな汚点を残す結果となったのである。

この事態を契機として、プロ野球のあるべき姿が問い直された事件であり、同時に球場側もアルコール類の持ち込み禁止などの措置が執られたことは当然の帰結であったと思っている。また、警備体制や警戒の方法などにも多くの教訓を遺したのであった。

■祭礼警備

各種神社などお祭りの警戒のため、機動隊から管轄警察署に応援派遣され警戒活動に当っていたが、その主なものを挙げてみると次のとおりである。

○西宮戎神社（西宮市社家町所在）

毎年一月九日に宵戎、十日に本戎が行われる。

西宮神社は全国えびす神社の総本山。商売繁盛を祈願する老若男女で賑わい福笹を買い求める人たちで大層混雑していた。警備に当たる者としては事故があっては大変と、無事に終わるまで気を抜けない警備であった。

西宮戎神社

○門戸厄神東光寺（西宮市門戸西町所在）

毎年一月十八～十九日に行われる厄神大祭には数多くの屋台が参道の両側に出店している状態で、混雑が飽和状態となる時間帯があり、雑踏事故が発生するおそれがあり問題があると思われ

清荒神清澄寺

門戸厄神東光寺

た。行き帰りのコースを分離するとか、ピーク時の人の流れを規制する必要があると思いつつも、何とか無事に終わるのを待つのみで歯がゆい思いをした記憶が残っている。

○清荒神清澄寺（宝塚市米谷所在）

　真言三宝宗の寺院（大本山）であり、寛平八年（八九六）に宇多天皇の勅願寺として静観僧正により建てられたと言われる。「荒神さん」と呼び慣わされ、かまどの神の一種として、ここで受け取ったお札を台所の神棚に祀るなどの信仰が根付いている。毎月一、二十七、二十八日が例祭日で、この日は境内はもとより、参道も善男善女で埋め尽くされ、特に年末の納荒神には、約五十万人の人出で身動きできないほどの人混みとなる。それだけに警備の方も大変であった。

○垂水海神社（神戸市垂水区宮本町所在）

　国鉄垂水駅のすぐ南を見ると、浜辺に朱塗りの大鳥居をもつ海神社がある。正式名称は「綿津見神社」といい、その名のとおり、「底津綿津見（海底）」、「中津綿津見（海中）」、「上津綿津見（海上）」の三神が祭られ、地元の人たちからは、「かい神

垂水海神社

社」と呼ばれ親しまれており、漁業関係者の氏神として敬われている。

日本書紀には、神功皇后が三韓へ征伐のとき、この三柱の神々が軍に従って神助を示された。すなわち、沖合で暴風に遭った際、神々の加護があり事なきを得たという。秋祭りには、立派な布団太鼓が出るので有名。国道二号線を跨いでの行き来となるので、警備は非常に気を遣ったのである。

○灘のけんか祭り

姫路市白浜町所在の松原八幡神社の秋季例大祭「灘のけんか祭り」は、毎年十月十四～十五日に行われ、約十万人の人出で賑わう。

祭礼のいわれは、神功皇后が三韓征伐の帰路、付近の港に寄港滞陣された際、儀式として屋台や神輿を出して祭典を行ったのが始まりと伝えられている。神社の氏子七地区から繰り出す屋台は新調時には約一億円を費やした豪華なものである。

祭礼は、氏子らが神輿のぶつけ合いや豪快な屋台の錬り合わせで〝けんか祭り〟と称せられ、他では見られない勇壮なものである。

警備は長時間にわたって行われ、特に一般の見物人にけが人を出さないよう気遣いのいる勤務であった。この種の警備は、制服警察官があまり目立っては祭り本来の醍醐味が失われる。かと言って後ろに引き過ぎては、安全確保という大目的が果たせない。非常に難しい判断に迫られる事例である。将来自分が指揮官となった時は如何にあるべきかを考えていたものである。

灘のけんか祭り

○神戸みなと祭り

第一回みなと祭りは昭和八年に誕生したそうである。当時、全国的な経済不況を払拭するため、来日中のアメリカ、ポートランド関係者から同市の

神戸みなと祭り　ミス神戸のパレード

ローズフェスティバルの話を聞き込んで、当時の市長がこれを参考に市民祭として企画した祭りと云われている。

みなと祭りの行事内容は、海の女王の戴冠式、国際大行進、花電車の運行、懐古行列などを行っていた。

みなと祭りは、回をかさねるにしたがい盛大な祭りに発展して行った。

この祭りの警備には機動隊からも生田警察署に応援派遣され、主に主会場の三宮界隈の交通整理や雑踏警戒活動に従事していた。

「警衛・警護活動に従事」

警衛・警護は、機動隊の重要な任務の一つである。

天皇・皇后両陛下の行幸啓、皇族の方々の行啓に際しての警衛や、内外要人に対する警護は、全ての警察活動に最優先してこれに当たらなければならない警察の責務である。機動隊は最前線において活躍できる立場にある。

義宮殿下御警衛を終えて

○義宮殿下淡路島行啓に伴う警衛に従事

昭和三十七年四月皇室・義宮殿下が淡路島に行啓された際、淡路・洲本警察署及び三原警察署に応援派遣され、沿道の警戒に従事した。

警衛の基本は、皇族と民衆の親和を妨げないように、しかもご身辺の安全確保という絶対命題を果たさなければならないのである。

宇宙飛行士ガガーリン

〇ガガーリン宇宙飛行士の警護活動

昭和三十六年（一九六一）四月十二日、ソ連のユーリィ・ガガーリンが宇宙飛行士として人類初の有人宇宙飛行を成功させている。この時のロケットは、ボストーク一号機で、帰還後に語った「地球は青かった」はあまりにも有名。

昭和三十七年（一九六二）五月二十一日来日（羽田着）し、五月二十四日大阪国際空港着で関西方面に来た。機動隊からも伊丹警察署に派遣され、時の人の警護に従事した。この時、間近で見ることができ感激したことを覚えている。

〇ロバート・ケネディ米司法長官来日に伴う警護

アメリカ大統領ジョン・F・ケネディの実弟、ロバート・ケネディ氏が昭和三十七年（一九六二）に来日した（羽田着）。早稲田大学などでの講演など、東京日程を終えた後、大阪国際空港着で来阪した。

ロバート・ケネディ
米司法長官来日

大阪では、枚方市の日本住宅公団香里団地の視察などをして回られた。この時、機動隊から伊丹警察署に派遣され、空港内外の警戒に当った。

※兄の大統領が暗殺された後に数年してから、この司法長官も暗殺されたのである。

災害警備活動に従事

各種自然災害の発生に際し、被災地を管轄する警察署に派遣され、救助具などを使用して被災者の救出救護に当ったのである。ここにその主なものを挙げると次のとおりである。

○但馬地方大水害に伴う災害警備出動

　昭和三十四年九月二十六日、伊勢湾台風が来襲し、その余波を受けた但馬地方にも大水害をもたらした。この災害警備のため、機動隊は豊岡警察署に派遣された。

　我が第二中隊第一小隊は、輸送車に乗り機動隊を出発。途中朝来郡生野町まで来たところ、国道の橋が流され通行不能のため、「生野会館」に一泊し、翌日、国鉄播但線の列車で生野駅から和田山駅まで行くこととなった。和田山からは民間のトラックを借り上げ豊岡方面に向かった。豊岡に到着したのは夕方であった。

　豊岡市街中心部は浸水のため、歩行できず、ゴムボートを膨らまし、市街地を見回り警戒に当たることとした。豊岡警察署も公かいまで（道路面から四～五mはある）水が上がっていた。

　翌日は、前日に引き続き市街地の警戒に当ったが、一応落ち着いたので、三日目からは日高町の方へ転進することとなった。その理由は、日高町の円山川にかかる橋が濁流に流され、「赤崎地区」の集落が孤立して陸の孤島となってしまったため、同地区住民及び物資の輸送が必要となったのである。我ら部隊員は、まず、救命索発射銃を使って対岸にロープを渡し、折り畳み式救命ボートで住民と物資の輸送を行ったのである。これにより赤崎地区の皆様には大変喜んで頂いた。後日、機動隊が任務を終え帰ることとなった日には、地区住民挙げて見送りたい、とのことであったが予定時間が早くなり、見送ることが出来ず、残念がっていたとのことである。ともかく、われわれにとって初めての災害出動であったが、被災者の役に立ち感謝されたことは非常なる励みとなり、嬉しく思っている。

伊勢湾台風の被害状況

○芦有ドライブウェイ建設現場土砂崩れ発生に伴う被災者救出活動

昭和三十五年八月二十九日来襲した台風十六号は各地に甚大な被害をもたらした。中でも兵庫県下では、西宮市越水字社家郷山で大規模な土砂崩れが発生した。これは芦有ドライブウェイ建設現場付近の飯場が土砂に埋まり、就寝中の三十一名の工事従事者が犠牲となった。

出動命令を受けた我が機動隊は直ちに現場に急行し掘り起こし作業に従事した。スコップなどで掘り起こしてもなかなか捗らず、ようやく布団の下から見つけた遺体も全身泥まみれで、なんとか水で遺体を拭いて運び込まれた棺桶に収容して、麓の遺体収容所まで搬送した。こんな作業の繰り返しであったが、作業中は懸命にやっている関係で何も感じなかったが、一段落した夜になると寒さと空腹で一挙に疲労感が押し寄せて来たことを覚えている。

犠牲者の鎮魂碑

○「三六災害（さぶろくさいがい）」・灘区「六甲ハイツ」の崖崩れに伴う被災者救出活動

昭和三十六年六月二十四～二十七日、梅雨前線北上に伴って発生した集中豪雨は、昭和十三年に発生した「阪神大水害」に次ぐ記録的な災害となった。この「三六災害」での兵庫県下の死者は四十一名を数え、特に神戸市灘区高羽町の「六甲ハイツ」で発生した崖崩れでは、多くの住宅が土砂に埋まる被害が発生した。

当時、機動隊で当直小隊であった我

三六災害（さぶろくさいがい）神戸市内の様子

が小隊は、灘警察署に派遣されて直ちに現地に向かった。現地に到着した我々は、灘署の担当者から状況説明を受けると、灘区高羽地区の六甲ハイツ跡の斜面が大きく崩れ、麓にある数戸の住宅が土砂に埋まっている、とのことで私たちは一個分隊で大きく崩れた斜面の土砂の中を膝上まで浸かりながら登って行き、周辺の住宅に声をかけながら避難を呼びかけていった。住民の避難を確認してから、崖崩れの最下部まで降りて来て、住民などから説明を受けていた時、突然雷鳴のような物凄い音がして再び崖崩れが発生したのである。瞬間的に住民と共に一目散に下の道まで走って逃げた。数分してから元の場所に戻ってみると、直径二mほどの大きな石と共に土砂で埋まっていた。お互いの顔を見合わせたところ、いずれも血の気が引いて真っ青な顔をしていたことを覚えている。死を一瞬予感した者の恐怖の体験だったと思う。

それから先の救助活動は、常に二次災害を心配しながらの作業が続いたのである。

この災害は「昭和三十六年梅雨前線豪雨」と名付けられ、「宅地造成規制法」制定のきっかけとなった事案であった。

○但馬地方豪雪に伴う災害警備

昭和三十八年一月〜二月、但馬地方に大きな被害をもたらした「三八豪雪（さんぱちごうせつ）」の救助活動のため、田口勇機動隊長以下全隊員は、三田駅から列車に乗り香住駅に向かった。到着したのは夕方で香住警察署指定の宿泊所に入り、幹部からの指示を待った。やがて警察署から戻って来た松本浩一郎小隊長から、今後の活動について次のような指示があった。「当小隊は、明日は柴山港に行き、駅付近幹線道路の除雪を住民と協力して作業を行う。」というものであった。

翌日は午前五時に起床し、朝食後直ちに柴山港に向け出発した。到着後、直ちに隊員は、スコップを使って木製のソリに積み込む者と、積まれたソリの雪を岸壁まで運び海に投棄する者に任務分担したが、私は加門隊員と組んで海に投棄する作業に従事した。最初は要領が解らず、ギコチナイ動作も、慣れてくると作業も手際よく捗っていた。しかし、この慣れがいけなかった。勢いよくソリを引っ張り、海岸の際でロープを反転させると、ソリも反転して積んでいる雪が勢いよく海に投棄される。

こうした作業を何回か繰り返しているうちに、相棒の加門隊員が足を滑らせ海中に落ちてしまった。付近にいた隊員と協力して加門隊員を救出したが、寒中の海に入って仕舞ったのであるから大変である。加門隊員は風邪を引いてしまった。

雪害警備を終えて（国鉄香住駅にて）

翌日は孤立集落の安否確認のため、「佐津駅」から徒歩で現地に向かったが、慣れない「かんじき」という履物を履いて歩くので四時間かけてようやく孤立集落に着いたが、返ってこちらが反対に労いの言葉を受け、その上「ぜんざい」をご馳走になったりで感激した次第である。思い出多い災害出動であった。

治安警備出動は機動隊の本分

機動隊の本分は何と言っても国の治安を守るための治安警備に従事することである。入隊以来約四年間数々の治安警備に出動したが、そのうち特に印象深い事案について記したいと思う。

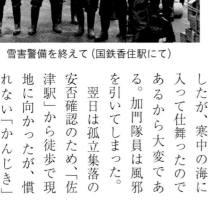

○淡路島分町問題に伴う警備出動

昭和三十一年四月一日、岩屋町、浦村、釜口村が合併して淡路町が発足したが、その後町議会で岩屋に町役場が置かれることが一旦は議決されたが、釜口に置くことを希望していた旧仮屋町、浦村、釜口村の住民の反対運動が起き、分立運動が発展する。昭和三十四年十二月この運動は騒動に発展し、町民同士の間で不穏な状況となったことを受けて、岩屋警察署からの要請を受け、機動隊から全隊が淡路島への警備出動となった次第である。

　我が小隊は、主に浦駐在所を拠点として、近辺のパトロールを実施していたが、駐在所の八畳の部屋に隊員十六名が詰め込まれ、交替で仮眠をとりながら、二人一組でパトロールをし警戒に当っていた。

　当時の記憶では、何事もなく経過したが、寒いし、眠いし大変な思いをしながらの勤務であったことを覚えている。

　その後、昭和三十六年六月十九日、旧仮屋町、浦村、釜口村の大部分が東浦町として分立したことにより、分町問題は決着が図られたと聞いている。

淡路島岩屋の町並

○六十年安保闘争に伴う一連の警備出動

　昭和三十五年は、日米安全保障条約の一回目の更新年に当たり、これに反対するいわゆる左翼系の人々が集団で行動を起こし、違法なデモ行進やゲバ棒、投石などを繰り返していた。

　私たちが機動隊へ入隊した頃から既に前哨戦が始まっていたのである。入隊して初めての当直日の夜にも緊急出動がかかり、警察本部に押し掛けたデモ隊を実力排除した事案があった。その後も連日の如く、各地でデモがあり、その都度警備に駆り出されていた。警備訓練も殆んどないまま、即実戦というのが実態であった。血気盛んな青年警察官、思想はどうであれ、無法は許さない、という意気に燃えていたので、連日でしかも毎夜の出動が続いても、誰も文句は言わず、疲れも見せず、黙々と任務を遂行することができたと思う。

　昭和三十五年となり、安保闘争は激しさを増し、特に「全学連」は違法行為をエスカレートし、無法の限りを繰り返していた。

　昭和三十五年、アイゼンハワー米大統領の来日

60年安保闘争・国会周辺のデモ隊の様子

が真近に迫っていた六月中旬、兵庫県からも機動隊を主力とする警備部隊が編成され、出発地の神戸駅に着いた時、大統領の来日が中止となり、直前において東京への出動は取りやめとなったのである。アイゼンハワー大統領来日中止の理由は、先遺隊のハガチー氏が、デモ隊に取り囲まれ、ヘリで脱出するという状況下では大統領の身の安全が保障できないとの判断に基づくものであった。

この時をピークに、安保反対闘争そのものは、徐々に下火となっていったのである。しかしながら、反対勢力特に全学連等はその一部が非合法化し、地下活動を始めるなど「極左暴力集団」へと繋がって行ったのである。

○三井三池争議に伴う九州地方への応援派遣

昭和三十五年七月十六日、我が兵庫県警特別機動隊は、柳沢浩二隊長以下全隊が九州への応援派遣のため、国鉄明石駅から夜行列車に乗り、福岡へと向った。目的は「三井三池労働争議」に伴う不法行為の予防警戒のための治安警備出動であった。翌朝博多に着き、輸送車で宿舎の九州管区警察学校に入った。部隊は着いたその日から猛暑の中厳しい警備訓練が待ち受けていたのである。

ここで、労働史上最大といわれた「三井三池争議」の経緯について触れておきたい。石炭から石油へとエネルギー転換のうねりの中、三井鉱山三池鉱業所が行った指名解雇をめぐる大労働争議がさらに激化していた。三井鉱山は、港務所を除く全山で労働者の就労を拒否する

九州管区警察学校正門前にて

ロックアウトを発動した。これに対し労組側は全面無期限ストで対抗、第二次企業整備案が提示されてから百五十一日目、解決の目途もないまま三井三池争議は泥沼化していたのである。

　昭和三十五年三月二十八日、会社側は、新労組（第二組合）だけにロックアウトを解除し就労を強行した。ために、三池労（第一組合）と各所で衝突、千人以上が乱闘の末に百十五人が重軽傷を負った。翌二十九日には三鉱労がピケを張っていたところに暴力団が襲いかかり、労組員一人を刺殺、社会問題化した。

　いよいよ泥沼化した争議は、昭和三十五年七月六日に至り、会社側は三池鉱務所をロックアウトしたことに端を発して、資材揚げ場において労組間で大乱闘となった。

　これより先会社側は、労組に占拠されていた大牟田ホッパーにおける不法占拠排除のための仮処分決定を裁判所から受けており、これが強制執行の日が間近に迫っていたのである。正に強制執行に伴う不測の事態に備え我が機動隊は現地に派遣されていたのであった。

　連日猛暑の中での警備訓練は、極めて厳しいものであった。仮処分の執行を強行した場合、双方に多数の死傷者が出るとの予想がなされていたので、いくら暑くても厳しくても訓練に耐えなくてはならない。隊員は皆真剣そのものであった。

　ところで例の仮処分の強制執行は七月二十二日と決まっていた。その日を前に現地の大牟田ホッパーの実地踏査をするため、七月二十日に機動隊全隊で輸送車に分乗して現地に向かった。大牟田ホッパーに着くと、労組員が部隊に向って口々に悪口雑言の限りを尽くし、大きな声で叫んでいた。これは当日は相当エキサイトしそうだと身を以て感じた次第である。

　これより先、我々は現地の情勢について、幹部から指示を受けていた。情報に依れば、強制執行当日は、大牟田ホッパーには労組員やオルグなど全国から集まった約二万人がピケを張り、打ち上げ花火の筒を横向きに据え、強力に抵抗してくる。最悪の場合双方に多数の死傷者が出るかもしれない、という内容であった。そのような不安と緊張の中で強制執行の当日（二十二日）を迎えた。午前二時に起床し、出動態勢を整えていた矢先、出動中止の指示が伝達されてきた。その理由は直前に池田内閣が発足し、中労委の調停が始まったということで解決の糸口が見えてきた、というものであった。

　いずれにしても、相当の覚悟を決めて出動準備をしていたので拍子抜けしたと言うのが偽らざる心境であった。

三井三池争議・警察部隊の投入に激しく抵抗する労組員

　実力行使の出動は中止となったものの、その後の不穏な情勢に備えるため、猛暑のなかでの警備訓練は欠かさず実施していたが、情勢が落ち着きを取り戻したということで、派遣部隊は任務解除となり、夜行列車で翌日神戸駅に帰ってきたのであった。

　思えば、この度の警備出動は多くの教訓を得たと思っている。一見肩すかしを食い無駄であったようにも見えるが、決してそうではない。万全の備えあればこそ、労組も会社もそして政府も本気になって最悪の事態だけは避けたいと、という情勢作りにその一翼を担ったのだという自負がある。

　その後、三井三池争議は、昭和三十五年十月二十九日、解決を見るに至ったのである。三井鉱山三池鉱業所の約千二百人の指名解雇をめぐる労働争議は中労委を舞台に展開した。八月十一日、指名をやめ自発退職を募るあっせん案が示された。三池労組が拒否したため、労組側の主張に歩み寄りを見せた再あっせん案が示され、労使ともに受諾を決定、事実上の終結となったのである。

　わが国の労働史上空前絶後と言われたこの労働争議は、永く後世に語り継がれるであろう。また、この警備に携わった機動隊員である我々も永き記憶に残る事柄であったと思う。

○釜ヶ崎暴動に伴う警備出動

昭和三十六年八月一日、「釜ヶ崎暴動事件」は発生した。即ち、大阪市西成区東田町、通称「釜ヶ崎」の交番前で午後九時ごろ、労働者が車にはねられ死亡した。「警察の事故処理がまずい」として日雇い労働者等約三百人が交番に押し寄せ窓ガラスを割ったり、パトカーに放火した。

翌二日夜には群衆約一万人にふくれ上がり、市電や自動車に放火するなど暴徒化した。警察部隊は催涙弾で応酬したが防ぎきれず、付近は無法化した。騒ぎは四日まで続き、死者一人負傷者約七百人、検挙者約百人に上ったのである。

このような状況の中、八月四日我が兵庫県機動隊にも大阪府公安委員会からの要請で西成警察署へ派遣されたのである。八月四日当日、私は休日のため近所の映画館へ行っていたが、呼び出され、北條警察署（現加西署）員から「非常招集票」を受け取り、急いで自宅に帰り身仕度をしてから機動隊本部へ向ったのである。到着するとすぐに部隊が編成され、私は塩井久数中隊長の伝令に指名された。

部隊は一旦大阪府警機動隊（大阪城内所在）に到着し、情勢説明と必要な指示を受けた後、西成警察署へ向った。その時点では、集団による部隊への攻撃は終息段階ではあったが、街中は異様な雰囲気が漂っていた。我々は中隊を単位として行動していたが、騒動の爪跡が随所に見られ、警戒の手を緩めると再度騒乱の危険を孕んでいる状況であった。また、警察署前で阻止線を張っている部隊に向かって時々投石が行われるなど小規模な不法事案が続いていた。このような状態が一週間ぐらい続いたと思うが、曲がりなりにも事件は多くの犠牲を払いながらも終息を迎えたので、我々も任務解除となり帰県することとなった。

釜崎暴動事件・警戒警備に当たる機動隊

今回の事件で思うことは、騒動の発端は警察の交通事故処理に不満を持った労働者が普段から虐げられていると思っている警察に対して矛先を向けたものであるが、その実は、何もしてくれない行政と、ピンハネをする手配師などへの日頃のうっ憤が溜りに溜っていたのが、警察の事故処理の不手際（労働者の勘違い）が引き金となり暴動へと発展していったと考えるべきであり、今後は行政等による根本的な対策が必要だと痛感した。

その他の治安警備出動としては、

○尼崎市における暴力団抗争事件に伴う警備のための長期間の治安警備出動
○尼崎城内高校紛争に伴う警備出動
○北鮮帰還列車警戒のための警備出動

など多くの警備活動に従事し、治安を守る機動隊員としての資質と能力を高める事ができたと自負している。

「術科訓練も重要な訓練である」

警察のお家芸とも言われる柔道・剣道・逮捕術およびけん銃射撃訓練は、機動隊員としての心身連磨に欠かすことの出来ない訓練である。「……心身連磨以て有事に備えん」と、隊訓にも謳われている。私は主に柔道の方を選択していたのであるが、毎年一月に行われる「演武初め」において、柔道の勝ち抜き試合をしていた時、優勢に進めていたのだが、ちょっと気を抜いたために相手の無謀とも思える背負い巻き込みを食らい右肩を強打した瞬間激痛が走り、亀裂骨折をしてしまった。これは「油断大敵」の苦い経験であった。その後、接骨医で治療を受け二十日間ほどギブスをはめた不自由な生活を強いられたのである。

今一つ、柔道の稽古中に技を掛ける際に無意識に膝をつく癖があったので、よく膝に水が溜ることがあった。柔道の先生からは「病院などで血は抜かずに自然に治るようにしなさい」と言われていたが、どうしても心配なので、病院で溜った血を抜いてもらったが、後で柔道の先生に知れ叱られたことがある。その後は、血を抜かずにいたところ、膝は自然に元通りの状態になった。やはり先生は長年の経験で体得された施術の方法を知っておられたものであると思い感服したのであった。

　こんなこともあった。機動隊には専属の柔道・剣道教師が配属されていたが、警察本部教養課の柔・剣道の教師も時々巡回指導に来られていた。その日も、本部教養課の柔道の先生に稽古を付けて貰っていた。先生が技をかけた瞬間に私のかけた裏技が決まり先生が転倒した。その際、手を着いてしまわれたので左肘が脱臼してしまわれた。しかし、流石に柔道の先生である。すぐに自分で脱臼した肘を元通りに直されて、「油断大敵！わしとしたことが面目ないわなぁ　わっはっはっはっ」と笑い飛ばされた。頑固な古武士を見た思いで清々しかった。

　他に思い出と言えば、当時私は白帯すなわち段外者であった。毎年秋に行われる「県下柔道・剣道大会」には、機動隊はAクラスで、出場選手は、段外七名、有段者八名の合計十五名の選手団であった。私も段外ながら出動選手に加えられ特別訓練に参加していた。試合当日は、決勝戦に上がるまでに二試合行い、私も勝ってチームも順調に勝ち進んでいった。いよいよ決勝は警察学校との対戦であった。どちらも力が拮抗し、ついに同点で勝負決着と言う大将戦を向えた。機動隊はベテランで全国大会にも大将で出場している選手であり、一方の警察学校の大将は、この春、特別採用で在校中の大学柔道でも実績を残しているという強力選手である。双方一礼して愈々大将戦が始まった。私たちは当然ながらこの試合に勝って優勝するものと信じていた。試合は一進一退、固唾をのんで応援していたが、ついに力及ばず敗北を喫してしまったのである。生涯を通じ忘れる事のできない思い出となった。

忙中閑あり

　機動隊勤務の約四年間は、訓練や出動などで忙しい毎日が続いたが、そのような状況の中でも気が休まる時もあった。四六時中気を張り詰めたままでは、返って仕事に身が入らぬこともある。たまにはリラックスして心身を休めることで、明日への活力が生まれると思うのである。

■慰安旅行

有事に備えるため、あまり遠方へは行けないが、何回か日帰り旅行で近場の慰安旅行を楽しんだのであった。

○六甲山に遊ぶ

昭和三十四年夏、機動隊に同時に入隊した同期生五人で休日を利用して六甲山に登りバンガローで、食事をして語り合う等楽しいひと時を過ごした。

隊友と（国立公園・六甲山にて）

○新和歌の浦へ小隊での日帰り旅行

昭和三十五年秋、我が第二中隊第一小隊は、休日を利用して和歌山市の名勝・新和歌の浦へ日帰り旅行をした。和歌山に到着すると、先ず西国観音霊場第二番札所紀三井寺にお参りした。

そのあと新和歌の浦に行き、砂浜に敷物を敷き車座になって弁当を食べながら歓談したりするとともに、付近の海岸を散策するなど楽しいひと時を過ごすことができた。

日帰旅行（新和歌の浦にて）

○淡路島へ日帰り旅行

昭和三十六年四月、明石港からフェリーボートで淡路島へ渡り「鳴門の渦」を見学した。過って淡路島へは仕事で三回来ており、今回が四回目となる。淡路島は「鳴門の観潮」の外にも視るところは沢山あり、民情もよい所などで、非常に楽しい日帰り旅行であった。

淡路島日帰り旅行
（福良駅頭に立つ）

○京都と琵琶湖日帰りの旅

　昭和三十八年三月、我が小隊は観光バスに乗り、京都、琵琶湖方面への日帰り慰安旅行に行った。

　京都では清水寺や平安神宮を観光し、古都の文化財の素晴らしさに感動したのを覚えている。

日帰り旅行・琵琶湖遊覧船にて

　この後、琵琶湖に向かい観光船で琵琶湖遊覧を満喫して、その大きさを実感することができた。

■隊内運動会

　日頃の体力錬成の成果と隊員相互の団結と融和を図るため、明石公園野球場や競輪場跡などで小隊対抗の運動会を開催した。

　体力向上には他にもバレーボール大会やソフトボール大会なども実施していたのである。

隊内運動会・俵かつぎ競走

第二章　習熟期

まぼろしの聖火リレー警備

昭和三十九年（一九六四）九月二十三日私たちは、東京オリンピック聖火リレー警備のため、姫路警察署に向った。

この前年三月末に、機動隊から巡査部長に昇任し、網干警察署に着任していたのである。着任と同時に第二機動隊分隊長に指名されていた。第二機動隊は、集団的警備事案や災害などの有事に備え、機動隊のみでは対処しきれない事案の出動に備えて、警察署勤務員の中から指名されて編成され、定期的に警備部隊員としての訓練を受けているものである。

当日、網干警察署員の一個分隊を率いて、指定された時間に姫路署に到着したのであった。

ここで昭和三十九年（一九六四）開催の東京オリンピック聖火リレーについて概略を説明しておこう。ギリシャのアテネで採火された聖火は、聖火空輸特別機シテイ・オブ・トウキョウ号により、アジアを経由してアメリカの統治下にあった沖縄に到着した。沖縄本島を駆け抜けた聖火は、鹿児島、宮崎、北海道に空路で運ばれて、国内四つのコースに分かれて全都道府県を巡ったのである。

姫路市を通過する聖火は、第二コースに属し、九月九日宮崎県を出発したもので、姫路市内は九月二十三日に通過したのである。したがって、我々はこれが警備のために姫路署に応援派遣されたものであった。

姫路署に到着すると、大手前広場には既に他署から派遣された部隊員が整列し、姫路署次長のＩ警視から指示を受けていた。我々は指定された時間よりは早目に到着しているのに、おかしい！と思いながら、部隊本部に行き整列場所などを聞きに行ったところ、本部員も解らず部隊長であるＩ警視に報告したところ、「網干署員の応援要請はしていない。別命があるまで署内で待機せよ」と、マイクで大きな声で告げられたのである。他署からの派遣部隊員に聞けば「当日までには予行訓練もやったよ」と言うことで、知らぬは自分たちだけだったのである。

我々は非常なる屈辱感にさいなまれ、怒りが込み上げて来たのをじっと我慢しながら、ともかく、指示された姫路署内に向った。だが、このことは網干署の下里次長に報告しておこうと、署内の電話でいきさつを報告していたところ、近くにいた姫路署のK警部が何か私に向かって「ブツブツ」言っているようだったので、下里次長には、電話を切らずに待っていただいて「何ですか？」と尋ねると、警部は「君達は誰の命を受けてここに来たのか」と言うので、「網干署長の命令で来ました」と答えたところ、「君達の応援要請はしていない」と高飛車に言ってきた。それで、「部隊長の警視から指示されてここに待機していますが、引き揚げていいのですか？」と質すと、「当然だ」といった。これらのやり取りの内容を電話口で待っていただいている下里次長に告げたところ「それでは引き揚げて帰ってこい」ということだった。

国宝姫路城天守閣

一件落着かと思っていたら、まだ続きがあったのである。次長からの帰署の指示もあり、署の玄関で待っていた輸送車に乗り込んだところ、署の警務課の係長が走って来て、出発間際の私に向って、「帰らずに今しばらく署内で待機してください」と懇願されたが、「先ほど警部さんが、応援要請していないから帰ってよいといわれたから帰ります。再び待機せよと言われるなら、警部さんからその理由を説明してほしい」と押し問答していたが、K警部が係長のすぐ後ろにいて、「君は何を言っているんだ！」と高圧的な態度で言って来たが、すぐ後に部隊長の警視が来て、「網干署員は、只今警察本部からの警備命令で姫路署に応援派遣が命ぜられた。よって、直ちに姫路警察署長の指揮下に入れ。したがって別命あるまで署内において待機せよ」と言うことだった。そうであればこれに逆らう理由もないので署内で待機を続けた。

しかし、聖火リレーが通過するまで、実際の警備配置に着くことはなかった。まさに、まぼろしの聖火リレー警備に終わったもので、我々にとっては後味の悪い結果となったのである。

「神功皇后ゆかりの魚吹神社秋祭りのこと」

網干の勤務は二年であったが、この間魚吹神社秋祭りの警戒活動に二度従事した。

ここで、魚吹神社の由来について、説明しておこう。仲哀天皇の皇后で第十五代応神天皇を御産みになった神功皇后が、三韓征伐のため軍船を連ねて西へ向われる途中、揖保川河口にさしかかったとき、逆風に遭遇し、まさに軍船は難破しそうになった。このとき信仰厚い皇后は、祖先の神々に救助を祈願された。すると霊験たちまち現れ、多くの魚が集まり、砂を吹き寄せ、また運び来て船々の動揺を防いだ。一夜が過ぎると、海は波静かに治まり、無事航海の途につくことができた。

そして凱旋後、この津に社を創建されたものである。

祭りは、毎年秋に行われるが、特に印象深いのは、宵宮の約一万人による高張り提灯の行列は、網干祭の御旅提灯として有名である。また、本宮での氏子衆の担ぐ十六台の屋台は、色も形も立派なもので、各地から寄って来て神社の境内で練り歩くが、それぞれの屋台は社殿正面において「チョーサ！」の掛け声とともに高く差し上げポーズをつくる。観客からは一斉に拍手と歓声が沸くのである。

魚吹八幡神社山門

この祭りには署を挙げて警戒活動を行うのであるが、一年目は何事もなく終了したのである。しかし、翌年の秋祭りは少し心配な状況が発生しそうであった。というのは、その年の夏場に行われたある会合において、ある人物の心ない発言が物議をかもし出し、その事が昂じて「今度の祭りはぶっ潰してやる」という若者たちの、不穏な動きが見られたので、署の警備課員であった私は、上司の命により、情報の確認及び説得のため、一人で地区の有力者のお宅を訪ねた。その方は人格・識見共に備わり人望も厚く、人の話を冷静に聞かれる立派な人だと直感した。いろいろとお話をさせていただく中で、本音の話もして下さったし、最後には「若い者には断じて無茶なことはさせないので安心してください」と、きっぱりと言われたので、お礼の言葉を述べて帰署し、上司に報告したのである。

申すまでもなく、秋祭りは何の障害もなく盛大に行うことができたのである。

「秘密文書がネズミに喰われる」

これは、部隊活動に直接は関連しないが、網干署時代に起きためずらしい事件であるので記しておきたい。

昭和三十九年のこと、網干署の警備課公安係主任であったが、ある日、「交番に保管してある秘密文書の簿冊がなくなっている」との報告を受けた。直ちに上司に報告し、係員を伴って現場に駆け付けた。勤務員に聞いてみると、概ね次のとおりであった。

「普段は所定の押し入れの中の抽斗に収納し、鍵をかけている。今日、必要があって抽斗を開けたところ、無くなっているのに気がついた。反対番の勤務員や相勤者にも聞いてみたが解らず困っている。」

とのことで、問題の抽斗を開けて検分して見たが、影も形もなかったのである。ひょっとして、ねずみが抽斗の隙間から入り込み食べてしまったのではなかろうか？　と思い、調べて見たが、どこにも入り込む隙間などなかった。ただ、木製抽斗の奥底を見ると、そこには約一センチ大の小さな穴が見つかった。しかし、そんな小さな穴からねずみが入り込むはずがない、しかも、食べ残し

網干署員懇親会（前列右は新川署長）

の痕跡も残っていないのである。念の為床板を外し、地面を見てみたが、ねずみが食べたと云う痕跡は何も見つからなかった。

　その状況を警備課長を通じて署長に報告した。新川菊正署長は、「探し方が足りないのではないか、もう一度床下の土を掘り返してでも徹底的に探してみよ。それでも解らなかったら、別の方法を考えればよい」と言われたので再び床下を掘り返すこととした。すると、地面にねずみが空けたと思われる穴を発見したのである。穴を掘り返し進むと、奥の方から紙片が一枚だけ見つかった。調べたところ保管していた文書の角の部分だと判明した。

　署長の指示がなければ自分たちは、状況を誤り大きな失敗をおかすところであった。改めて新川署長の洞察力と判断力の確かさに敬服した次第である。

石油コンビナート起工式場乱入事件

　姫路市飾磨区妻鹿日田町にある敷地面積百三十ヘクタールの海岸縁の埋め立て地に、出光興産姫路製油所を設置するための起工式が始まった。昭和四十年、私は機動隊に分隊長として勤務していたが、当日、岡田剛隊長率いる全隊は、飾磨警察からの要請で現地に出動した。

　この製油所の建設に対しては、「漁業権が侵害される」と、家島町の漁師たちが反対しており、不測の事態も懸念されていたのである。

　隊長以下全隊員は、署幹部の案内で敷地の西奥にある工場の会議室に入り、最近の情勢や警備方針などについて説明を受けていた。ところが、その途中で現地に配置に着いていた署員から、「家島の反対住民が漁船で押し掛け、式場に乱入した」と通報して来た。直ちに現地に駆け付けたが、既に遅く、紅白の幕を張りめぐらせた式典会場も反対派の乱入によってメチャメチャに毀されていたが、乱入者達の姿は跡かたもなく消えていた。

このことは、情報収集の甘さも指摘され、また、説明場所も式典会場から遠く離れており、即時対応出来なかったことなど、多くの教訓を残した事案であったと思う。

ともかく、この出光興産製油所は、昭和四十五年十一月に操業を開始し、年間六百万キロリットルの原油処理能力と貯油タンク百二十七基（約二百三十七キロリットル）を有する県下唯一の製油所である出光興産（株）兵庫製油所となったのである。

出光興産兵庫製油所跡

「集中豪雨による浸水被害を食い止める」

昭和四十年秋、我が機動隊真田小隊は、西播地方集中豪雨による水害被害が予想されるため、姫路警察の要請で姫路市内に向かった。指定された姫路市白国地区に行くと、広峰山から流れ出た濁流が激しく、しかも、直径一メートルもある巨石が水路を塞さいでいた。そのため、水路からあふれ出た濁流が付近の住宅に浸水し始めたのである。

付近の住民が言うには、「先ほどは自衛隊の人たちが来て石を除けようとしたが動かせなかった。皆さんで何とかしてください」と言ってきた。これは何とかして住民の皆様の期待に応えなければと、張り切って巨石の排除に取りかかった。水の浮力や「テコの原理」を利用して、十分ほどでようやく動かすことが出来、水路の流れを取り戻すことができたのである。

住民からの感謝の言葉をいただいたことはもちろんであるが、翌日の一部新聞にも報じられていた記憶がある。

ところで自分たちが行く前に、自衛隊の人たちが先に石を動かそうとして叶わなかったことについて、彼らの名誉のため釈明しておきたい。現場はすぐ近くに陸上自衛隊姫路駐屯地があり、おそらく、そこの当直隊員が何名か駆けつけて来たのであろう。したがって災害出動に必要な装備もないままに現地に赴いたと思われる。そもそも自衛隊の災害出動は知事の要請に基づいて派遣されるもので、その手続きが必要なことは言うまでもない。

姫路白国神社

「レンジャー・アクアラング隊の活躍」

機動隊では、災害警備や救助活動の方法についての多様性を求めて、レンジャー隊とアクアラング隊が編成され、訓練を開始した。自分はアクアラング隊に所属し、隊員と共に訓練を重ねていた。

アクアラングは、圧縮空気ボンベを背負い、口にくわえたれレギュレター（ボンベからの圧縮空気が体内に入る際の調節機能）で水中での呼吸を円滑にするもので、基本が何よりも大切な訓練が要求されるのである。

ところで、アクアラングも潜水士の免許が必要である。レジャーダイビングをするのには免許は必要ないのであるが、機動隊のアクアラング隊は業務としてやるものであるから免許が必要である。したがって、アクアラング隊の全員は潜水士試験を受けることとなったのである。

「潜水士試験」とは、潜水士として業務に臨む際に必要とされる潜水士免許を得るための試験で「労働安全衛生法の規定に基づき、潜水作業に従事する労働者に必要とされる国家資格」とされている。

主に労働災害の防止など労働者の保護を目的とする免許になり、潜水業務を行う事業者はこの免許を持たない者を潜水業務に従事させることを禁止している。

試験は三日間の講習の後行われ、全員が合格し昭和四十一年十一月十五日、兵庫労働基準局長から潜水士免許状を受け取ることができたのである。試験は学科試験のみで実技試験はなく、実践に通用するには、さらなる技能の習得が必要であった。

実践訓練は、神戸市営プールや高校・大学のプールを借りて行ったり、須磨海岸や明石市江井が島の海岸などでも実施して技能の向上を図った。

本番の救助活動も経験した。夏場の水難事故の救助活動として、一つは、武田尾温泉近くの武庫川で子供が溺れて流された事例で、救助要請と同時に緊急走行で現地に向った。到着後直ちに川に潜り捜索した結果、川底に沈んでいた子供を引き揚げ、人工呼吸等行ったが既に絶命していた。

今一つの事例は、芦屋市内の溜池で子供が池の堤防で遊んでいて誤って池に転落した、という事案であった。連絡を受け直ちに現地に向かい、池に潜って捜索した結果、子供は引き揚げたものの、先ほどの事例と同じ結果であった。

このような水難事故に遭遇する度に思い出すのは、自らの幼い頃の体験である。四歳の頃、六歳年上の兄たちと五、六人で生家の近くを流れる川に遊びに行っていた時のことである。私は突然足を滑らせて水中に落ちた。そこは川の曲がり角で一番深い場所であった。他の子供たちはどうする事も出来ないでいた。一人の子供が我が家に知らせようと自分の家に向って走り出した。その時、外出から家に帰り再び出

武田尾温泉

て行こうとしていた私の父が、ただならぬ様子を感じとり、その子に声をかけたところ、事の次第が判明し、すぐさま現場に走って川底に沈んでいる私を引揚げてくれたのである。

この時の様子＝足を滑らせて川に落ち身体を回転しながら沈んでゆく様子や、父に引き揚げられ、我が家の縁側で呑み込んでいた水を沢山吐き出したこと＝など今でも鮮明に覚えている。生涯忘れる事の出来ない体験であった。

話を元に戻そう。アクアラング隊が出動して、遺体収容のみに終わった事例は、他にも数件あり、実際に救助したと云うのはなかったと思う。結局アクアラング隊の働きの多くは「遺体収容」のための機能しか持たないとも言えるので、「人命救助」という大前提から遠く外れてしまっている感じが否めない。したがって、隊員のモチベーションも上がらない、というジレンマに陥っていたような気がする。

しかしながら、「人命救助」という命題を叶えるとすれば、水難事故の起こる恐れのある河川や溜池、海岸などに隊員を常駐させれば可能かもしれないが物理的には不可能である。したがって、「遺体収容も、欠かすことの出来ない警察の任務である。」ことを理解させ訓練に精進させている。

なお、アクアラング隊の活躍の場は、他にもあり重宝されていた。それは刑事事件に伴う凶器及び証拠品の捜索や、海中に投棄した薬物や銃器などの捜索にも活躍したのである。

関学封鎖解除の警備に従事

昭和四十二年九月、機動隊から警部補に昇任し、灘警察署に着任した。警ら課に配置され、第二機動隊小隊長にも指名されていたのである。その頃全国的に広がりを見せており、エスカレートの一途をたどっていた県下の学園紛争は、昭和四十三年三月の第一次関学事件を皮きりとして、県下の大学に広がるとともに、昭和四十四年二月六日の入試阻止のための試験場乱入事件へと発展して行った。これは二月十日の第五別館法学部学舎の封鎖解除を経て二月十四日の入試終了までの九日間にわたって続けられたのである。

　これに対し関西学院大学からの要請で、封鎖解除が始まった。我が小隊も警備命令に基づき西宮警察署に派遣を命ぜられたのであった。我が属する小隊は、灘署次長（警視）井口大隊長率いる部隊であった。

　大学に立て籠もった学生たちは、学内の第五別館法学部学舎に立てこもり激しい抵抗を続けていた。

関学学園紛争・大学入試阻止のための試験場乱入事件の模様

　屋上からは、火炎びんが投げられ、間断なく投石も続いていた。この間、他部隊の隊員が、ビルの下でヘルメットを脱いで昼食を取っていた時、屋上から投石され重傷を負う事件が発生した。我が部隊も第五別館から少し離れた場所から、投石防止ネットを立てて警戒に当っていた。時々屋上から石などが飛んでくるが、防石ネットで防護しながら応戦を続けていた。井口大隊長はと言うと、略帽のままヘルメットも被らず部隊の指揮をしていたので、私たちは「危険ですからヘルメットだけでも被って下さい」と進言したが、「わしは戦争中の野戦で戦ったが、敵の弾に当ったことが無い。びくびくするな！」の一喝で何も言うことはできなかった。

　機動隊は、ガス銃と放水で応戦し、暴徒と化した学生たちの制圧に全力で当っていた。

　ちょうどその頃、我が小隊は転進を命ぜられ、大学正門の外にいた。屋外に居た学生たちが学内をデモ行進するので、学外に出て不法行為をしないよう警戒に当たるためであった。正門は閉めていたので学生たちは外には出られないが、学内をデモ行進し、正門のところで固まって、気勢を挙げていた。そのうち学生たちから投石があり、うちの一個・拳大の石が飛んできて、私の胸に当っ

法学部第５別館に立てこもる学生たち

た。少し衝撃があったが、ジュラルミンの入った防護服を着ていたので、負傷はしなかった。

　その直後であったと思う。第五別館の封鎖解除に当っていた機動隊が、立て籠もって抵抗を続けていた学生たちを制圧し、屋上に掲げていた彼らの旗竿を引き抜いた時、各部隊からは一斉に歓声があがった。一方学生たちはそれを見て、抵抗する気力も薄れていったように思われた。

　この一連の事件で、逮捕した学生は八十七人、警察官の負傷は二百七十八人にのぼった。さらに、押収された火炎びんは百十七本、石塊は約四トンもあった。

　思えば、今回の警備は極寒の中での業務遂行であったので、夜間になると寒くて仕方なく、休憩場所は隣接する中学部の講堂であったが、一個小隊に毛布一枚だけという有様で、仮眠などできる状態ではなかった。二、三日してからやっと本部から薪が配られ暖をとることができた。

　このように、この度の警備は厳しい環境の中での体験ではあったが、心癒やされることもあったのである。当時、警備車で何回か署と現地の往復をする中で、その日の任務が終了して署に帰る途中、運転要員が気を利かしていつもラジオの音楽を掛けてくれていた。当時流行っていた、歌手の石田あゆみの「ブルーライト横浜」であった。軽快なリズムと甘い歌声に心癒やされた思いが蘇る。

「このところ若い勇者の署員あり」

　昭和四十三年三月頃のある日のこと、神戸市灘区登山口にある神戸大学において全学連が集会を開いていたが、不穏な情勢があり、不測の事態の発生が懸念されていた。したがって、大学周辺の警戒のため、制服・私服の部隊による警戒活動を行っていた。午後三時頃になって参加者の多くは、何事もなく電車やバスで帰って行った。

ところが、一人の学生が、登山口交番前で警戒に当っていた警察官に「いま男に殴られました。捕まえて下さい」と訴えて来た。平瀬巡査というその警察官は、被害者を伴い、すぐ南にある阪急電車六甲駅にむかった。発車間際の電車の車掌に理由を告げ、電車を止めた上、車内に乗り込み、

阪急電鉄六甲駅ホーム

被害者の学生が指さす男をその場で暴行容疑で逮捕して、駅のホームで警戒に当っていた捜査員に引き渡したのである。その間僅か五分足らずの出来事であった。

平瀬巡査は、交番勤務員である。普段は寡黙であるが、芯はしっかりしており、職務執行能力は十分あると見ていたが、このようなところで才能を発揮することができたことに、「よくぞやってくれた」と拍手を送りたい気持であった。

この度の功績に対しては、上層幹部の覚えもめでたく、表彰されたことは言うまでもない。平瀬巡査はその後、警察本部で捜査幹部としてその敏腕を発揮していると溯聞している。

少年被疑者の逃走事件

灘署に勤務中の、昭和四十三年春頃の話である。その日は、警察本部に於いて警ら主務者会議というのがあり、終日出席して午後五時頃署に帰って来た。制服に着替えて、公かいにある自分の席に着くと、係員の机に顔をうつ伏せにして眠って居るような少年の姿を見た。「どうしたんだ?」と尋ねと、主任からの報告の内容は、概ね次のようであった。

「この少年は、付き合っていた彼女に振られた腹

いせに酒を飲んで暴れ出し、果ては自宅にあった日本刀を持ち出して、ところ構わず振り回すので危なくて仕方がない、との通報で現場に駆け付けた勤務員が「銃刀法違反事件」の被疑者として署に連行したが、御覧のとおり酔っぱらいが寝ているような状態である。勤務員二人は、「逮捕状の請求に裁判所へ行っている。「留置人カード」が書き上がったら留置して、その後、刑事課に引き継ぐ予定である。」とのことであった。私は了解し、そのまま手続きを進めるよう指示した。当時、公かいには私の他に、二人の警ら係主任と、受付に二人の勤務員が宿直業務に当っていた。

灘警察署玄関前にて
（前列中央、横山署長と井口次長）

　被疑少年は、泥酔者の如く、ぐったりとして動かず寝ているようであった。私は安心して、逃走などしないだろうと、具体的な指示も出さなかった。

　それよりも、明日は非番で一日中、第二機動隊の訓練があるので、その日にあった主務者会議の報告書を早く仕上げ、少しでも身体を休めておこうと、その方の作業に没頭していた。これがいけなかったのである。数分経ったであろうか、留置人カードを作製していた主任が、「やっとできた、それでは留置しようか」という声が聞こえたと思ったら、続いて「あれ、あいつ何処に行ったのか居らんぞ」というので、皆で付近を隈なく探したが、どこにも居らず、不覚にも逃走されたことに気付いたのであった。

　直ちに宿直主任を通じて関武夫署長に報告された。署長公舎は署に隣接していたので、すぐ見えられた。私は自身の不手際による失敗を詫びると共に、立ち回り先の張り込みなど必要な対処方法などについて報告したが、特にお叱りはなかった。随分とご迷惑をかけているのに、心の広いお方だと恐縮してしまった。

逃走してから、約三時間経った頃に、少年が自宅に帰って来たところを張り込んでいた勤務員により身柄を確保することができたのである。二次的犯罪の発生もなく、その日のうちに捕まったと云うことで、胸をなでおろしたと云うのが、偽らざる心境であった。

この事案は、本部監察官室に報告され、後日、私には懲戒処分として「戒告」が言い渡されたのであった。なお、二人の主任には懲戒処分ではないが、「所属長注意」が与えられたのである。これも私がもっと的確な指示をしておれば防げたと思うだけに、済まないことをしたと反省している。

なお、余談であるが、この時の懲戒処分は、昭和天皇ご崩御の際の恩赦により削除されたと承知している。

六甲山に行啓の皇太子・同妃殿下の警衛に従事

昭和四十三年の夏場、今の上皇・上皇后陛下が皇太子・同妃殿下であられた頃、灘区六甲オリエンタルホテルにご宿泊されたことがある。私たちは、「お泊り所」の警戒員として制服で警衛に従事していたのである。夕方ホテルに到着され、ホテルに入られてからしばらく休憩された後、ホテル近くに避暑に来られている皇族のお方をお訪ねになるため、お忍びでお出かけされることとなった。

私たちは、ホテル前の幹線道路の両側に配置について警戒に当った。ホテルを出られて、幹線道路を横断されようとしたとき、タクシーが一台降りて来たので一瞬ヒヤリとしたが、何事もなく訪問先に歩いて行かれた。ホテルを出発される約五分前には、周辺エリア内の車はすべて排除したはず

六甲オリエンタルホテル

であったが、結果的には確認が甘かったと言わざるを得ない。

数十分で訪問先から、ホテルに帰られるとの連絡を受け、ホテル周辺の安全確認などを行っていると、数人の男女が玄関前にたむろしていた。私たちは両殿下に失礼があってはいけないと、注意を促したが聞かなかった。

ところが、若者たちは両殿下が帰ってこられ、ホテルの玄関に近づかれる前から、行儀よく整列して会釈をしたのである。皇室に対する畏敬の念は忘れていないと嬉しく思ったのであった。

「管区機動隊の発足」

昭和四十二年十月八日、三派系全学連を中心とする反安保勢力が、佐藤首相の東南アジア訪問阻止を唱えて、羽田空港周辺で激しい武装闘争をくりひろげた第一次羽田事件を皮切りに、七十年闘争の火ぶたが切って落とされ、さらにひき続いて、同年十一月十二日佐藤首相の訪米出発に際して全学連一派は、これを阻止しようとふたたび羽田空港周辺で過激な行動を展開し、七十年闘争の幕が開けられた。昭和四十三年に入ると、極左暴力集団をはじめ、反安保勢力の行動は、急速な高まりをみせ、学園紛争や街頭での武装闘争が全国主要都市で展開されるようになった。このような情勢下で果たして来る七十年安保改定は円滑に行えるかどうかが、危惧されていた。

管区機動隊編成式（警察学校にて）

そこで警察庁は、警備に万全を期すため、府県の垣根を越えて活動できる体制を整備する必要があった。検討の結果発足したのが、「管区機動隊」であった。全国七管区に○○管区機動隊（北海道は北海道警備隊）が編成され、本県においても第二機動隊特別大隊として、昭和四十四年四月五日発足したものである。

部隊編成は、大隊長以下三個中隊二百六十名で、大隊長は川上侃警視、副官・岡崎誠道警部、第一中隊長・松井稔警部、第二中隊長・新名明警部、第三中隊長・毛利昌良警部が指名された。そして小隊長以下の隊員は、阪神間の警察署に於いて勤務する署員の中から、身体強健で優秀な者が推薦され、特に本部長が指名することとなったのである。私は大隊幕僚として、大隊長、副官とともに警備課に籍を置き勤務することとなったのである。

兵庫県警察管区機動隊の編成式は、昭和四十四年四月十二日兵庫県警察学校において、松元秀之本部長を統括官として、本部各部課長、関係警察署長等の出席のもとに盛大にして厳粛に挙行され、名実ともに兵庫県警察管区機動隊が発足したのである。

訓練はじまる

編成式の翌々日から、神戸地区と阪神地区に分け、毎日須磨高倉山及び西宮ラグビー場跡で猛訓練を開始した。

訓練場所の確保や訓練計画の策定は自ら行うとともに訓練にも毎日参加していた。

管区機動隊の警備訓練は、在県で行う訓練のほか、近畿管区警察学校に訓練入校して行う訓練があった。一個中隊毎に年間二回入校して、一回二ヶ月間の激しい訓練を行っていたのである。兵庫大隊は近畿管区機動隊第三大隊として編成され、滋賀県の一個小隊が第二中隊に、和歌山県の一個小隊が第三中隊にそれぞれ編入されていた。

訓練内容は過酷で、ジュラルミン製の大楯を携行してグラウンドを数十周とか、木製角材を使用しての「ゲバ棒制圧訓練」の外、課外には柔剣道の稽古などの特訓で最初の頃多数のけが人が続出した。これを教訓に次回の訓練からは、内容を見直した結果、負傷者数は激減した。

「火炎びんの洗礼を受ける」

管区機動隊が発足して以来、警備出動も度々あったが、特に印象に残っている警備があった。

昭和四十四年八月七日の神戸大学の封鎖解除に先立って、封鎖解除粉砕を叫ぶ神大全共闘は、神大六甲会館前付近にバリケードを構築して市道を封鎖し、警察部隊に火炎びんを投てきして激しく抵抗した。

封鎖解除粉砕を叫ぶ神大全共闘
火炎びんを投てきし激しく抵抗

我が管区機動隊も、この警備に従事しており、火炎びんの洗礼を受けたが、大楯等で防護し負傷者は出なかった。

その他、神戸大学封鎖解除に伴う警備出動や京都大学封鎖解除に伴う京都府への応援派遣、国際反戦デーに伴う大阪府への応援派遣出動などに従事し成果をあげた。

「万博警備はじまる」

日本万国博覧会は、昭和四十五年（一九七〇）三月十五日から九月十三日までの百八十三日間、大阪府吹田市の千里丘陵で開催された。アジア初の国際博覧会であり、当時史上最大の規模を誇った。高度経済成長を遂げたばかりの活気ある日本で開催されたものであり、未来の生活を表現するため、当時最先端の技術やサービスは当然として、建造物からコンパニオンの制服に至るまで現在でいうレトロフューチャーのデザインを採用した。さらに整然とした外見を実現するため、幾何学的なモチーフも盛り込まれた。簡潔に記号化された会場デザインは分かりやすく、会場の外観も洗練されていたため、のちのイベントにも大きな影響を与えた。時代の追い風が吹き、未来に向かって飛躍していた昭和の日本の象徴でもあった。万博の主催は、財団法人日本万国博覧会協会で、博覧会の名誉総裁は当時の皇太子明仁親王、名誉会長は当時の内閣総理大臣・佐藤栄作であった。

本県の管区機動隊はこれが警備のため大阪府公安委員会の要請を受けて、応援派遣した。この派遣に際しては、隊員に対する事前の教養および実地踏査並びに服装装備の整備斉一と、隊員一人一人の自覚と誇りとが相俟って成果を上げることができたと思う。

開幕前の現地視察
向って左端が川上大隊長

■開幕警備

三月十三日、西宮ラグビー場跡に集結した本県管区機動隊百五十名は、小雪のちらつく中を宿舎である大阪府警第二教養部に向けて出発し、翌早朝凍てつくような寒波の中を万博会場に到着し任務に着いた。

警備区分はお祭り広場を中心とする会場中央地区に配置され、制服及び私服で、主に要人の警衛、警護、主要パビリオンの警戒及び雑踏整理に従事し、三月十七日朝、任務を終了し帰県した。

■常時派遣

第一中隊から一週間交代で常時応援部隊として派遣された各中隊は、近畿管区警察学校を宿舎として万博会場に出動し、会場内の・迎賓館を中心とする地

万博会場の様子[1]

区、・日本政府館を中心とする地区、・テーマ館を中心とする地区、にそれぞれ配置され、警戒警備に従事した。

■終幕警備

合同訓練のため入校中の部隊と在県部隊の全隊二百六十名は、近畿管区警察学校を宿舎として、万博会場に出動し終幕時における観客の殺到による不測の事態に備え、会場中央口及び東口を中心とした地区の雑踏警備に従事した。

■期間中の取扱事案

我が部隊が万博期間中に取り扱った事案は、

・犯罪検挙として、傷害罪が一件（三名）、暴行罪として一件（二名）、住居侵入罪として二件（二名）を検挙した。
・警衛警護の実施は二十件。
・地理教示は、約六万五千件。
・遺失・拾得事案は、約百四十件。
・保護事案は、約五百八十件。

であった。

この万博は、開幕当時は入場者も少なく、各パビリオンも並ばずに入場できたが、五月のゴールデンウイークの頃から、観客は急激に増加に転じ、場内の混雑はもちろん、アメリカ館やソ連館などは、四時間待ち、日本政府館は二時間待ちなど、予想以上の混雑が続いたのである。したがって、当初予想していた万博入場者数を遥かに上回る盛況であった。

開始直後のハプニングとして、動く歩道の不具合いにより、多数の負傷者が出たこと。また、岡本太郎制作の「太陽の塔」の最上階に男がのぼり、いわゆる「塔ジャック」事件が発生したことなどがあったが、総じて万博は成功裡に終わることができ、日本の威信を高めることに貢献したと思う。

「空港警備はじまる」

昭和四十五年（一九七〇）三月三十一日、羽田

空港発板付空港行きの日本航空三五一便ボーイング727-89型機（愛称「よど号」）が富士山付近の上空を飛行中、赤軍派学生を中心とした犯人グループによりハイジャックされた。犯人グループは機長と副操縦士に対して北朝鮮の平壌に向かうよう指示したが、直接向うには燃料が不足しているとして機長が犯人グループを説得し、給油のため板付空港に着陸した。ここで女性や子供などの一部の人質が解放された後、要求どおり北朝鮮に向かおうとしたものの、韓国領空内で韓国空軍機がソウルの金浦空港へ誘導し着陸させた。韓国政府は犯人たちに平壌に到着したと偽装する工作を行ったものの失敗し、事態は膠着する。四月三日に事件解決のためにソウルを訪問していた山村新治郎運輸政務次官が乗客の身代わりとなることで決着し、客室乗務員を含む人質全員を解放し、その後犯人グループとともに平壌に向った。その後同機は平壌郊外の飛行場に着陸し、犯人全員は北朝鮮当局に投降、機長と副操縦士、山村政務次官らは四月五日に同機で帰国したものである。

日航機よど号ハイジャック[2]
（福岡空港・乗客一部解放）

警察は、この事件を契機として空港警備を強化することとなり、管区機動隊にも伊丹市にある大阪国際空港におけるハイジャック再発防止ための警備が課せられたのである。

これに先立って、私は川上大隊長と、空港警備の教本を作るため、伊丹警察署に赴き、空港警備派出所長及び空港の関係者から、空港施設の概要、搭乗手続き、身体及び手荷物検査の方法、係員に対する指導教養の実態など、細部にわたって聞き取り、これを基に「空港警備の手引き」として冊子を作成し、隊員に配布して活用させたのである。

五月一日以降管区機動隊は一個分隊ないし二個分隊交代で出動させ常時警備に当らせた。本警備にあたっては、「空港警備の手引き」等による事前教養を徹底し、その任務の重要性を認識させた結果、勤務態度、成果等において高い評価をうけていた。

勤務の内容は、午前九時から午後二時までの間、国内線第三、第四ウィケットに配置し、搭乗客に対する所持品検査及び不審者に対する職務質問を実施し、乗っとり事案の防止に努めた。

この年の五月から十二月までの間の出動状況は、約延べ二千八百名で、成果としては次のとおりであった。

○凶器等の発見状況

猟銃＝八丁、ライフル銃＝四丁、空気銃＝三丁、水中銃＝三丁、日本刀二十五振、その他の刀剣類＝八振、その他—一八件、合計＝六九件。

○犯罪検挙の状況

・第三フインガーにおいて大きなボストンバッグを持った男を発見し、承諾を得て中を調べたところ、ブルーフィルム百五十缶が入っていたので刑法百七十五条わいせつ文書頒布罪で、東京都在住（二十二歳）の男他一名を検挙した。

・第四ウィケットにおいて、友人から買い受けた手製の日本刀を所持しているのを発見、許可証不携帯であったため銃刀法違反で、山口県在住の男（二十三歳）を検挙した。

ところで、よど号ハイジャック事件を教訓にはじまった空港警備であったが、残念ながらその後もハイジャック事件は根絶したとは言えない。主な事例を次に挙げてみる。

○日本航空351便ハイジャック事件

昭和四十七年（一九七二）十一月六日、羽田空港発福岡空港行きボーイング727型機を覆面した男が乗っ取り、キューバへの亡命を要求、同機は羽田空港に引き返した。膠着状態の後、犯人は逃亡用にダグラスCD-8型機を用意させ、乗客を解放したが、同機への移動時に逮捕された。政治的背景のない在米日本人の単独犯であった。

○ドバイ日航機ハイジャック事件

昭和四十八年（一九七三）七月二十日、日本赤軍とPFLPの混成部隊が、パリ発アムステルダム、アンカレッジ経由羽田行きの日本航空404便ボーイング747-246B型機をハイジャックした。アムステルダム離陸後、持ち込んだ手留弾を犯人グループの一人が誤爆させ死亡したのを機に犯人グループは機内を制圧、アラブ首長国連邦のドバイ国際空港、シリアのダマスカス国際空港を経由し、リビアのベンガジにあるベニナ空港に着陸させた。乗員乗客百五十人の人質を解放後、同機を爆破した犯人グループはリビア当局に投降し、カッザフィー大佐率いるリビア政府の黙認のもと、国外逃亡を果たした。

○日本航空903便ハイジャック事件

昭和四十九年（一九七四）三月十二日、羽田空港発那覇空港行きのボーイング747型機を那覇空港着陸直前、鹿児島県沖永良部島上空を飛行中に青年が機内に持ち込んだバックに爆発物を持っていると見せかけて乗っ取り、二億円の身代金と那覇空港で給油して羽田へ引き返すよう要求した。同空港着陸後、六時間あまりにわたって乗客を人質に立てこもったが、同日夜、日航職員に変装した捜査員七名が操縦室に突入し逮捕された。犯人の青年は当時一八歳であった。

○ダッカ日航機ハイジャック事件

昭和五十二年（一九七七）九月二十八日、フランスのパリ発アテネ、カイロ、カラチ、ボンベイ、バンコク、香港経由羽田行きの日本航空472便ダグラスDC-8-62型機が、経由地であるインドのボンベイ国際空港を離陸直後、武装した日本赤軍グループ五人にハイジャックされた。同機はバングラデシュの首都ダッカにあるジア国際空港に強行着陸し、犯人グループは人質の身代金として六百万ドルと、日本で服役及び勾留中の九人の釈放と日本赤軍への参加を要求した。これに対して福田赳夫内閣総理大臣が「人命は地球より重い」と述べて、身代金の支払い及び超法規的措置とし

ダッカ日航機ハイジャック事件[3]
（ダッカ空港で駐機中の様子）

て収監メンバーなどの引き渡しを決断。身代金と釈放に応じた六人を特別機でダッカへ輸送し、これにより人質の大部分が解放された。その後、同機は残りの人質を乗せてアルジェリアのダル・エル・ペイダ空港へ向かい、当地まで残った人質と乗員全員が解放された。

ハイジャック事件は、これらの他に、

・昭和四十九年（一九七四）七月十五日に発生した日本航空124便ハイジャック事件
・昭和五十年（一九七五）四月九日に発生した日本航空514便ハイジャック事件
・昭和五十一年（一九七六）四月五日発生した日本航空768便ハイジャック事件
・昭和五十四年（一九七九）十一月二十三日発生した日本航空112便ハイジャック事件

などがあるが、詳細は省略する。

廣島平和記念式典に首相初出席

昭和四十六年（一九七一）八月六日、佐藤栄作内閣総理大臣が、当時の山田廣島市長の強い要請を受けて、現職の首相としてはじめて廣島平和記念式典に出席された。

我が兵庫県警察管区機動隊は、これが警備のため全隊で廣島に向かった。阪神高速京橋の高架下広場に集結した部隊は、副官率いる半数の人員は、国鉄神戸駅から列車で、大隊長率いる残りの部隊員は警備輸送車で、それぞれ宿舎の広島県陸上自衛隊海田市駐屯地に向ったのである。

その日の夕刻に列車組が先に到着し、駐屯地の食堂で夕食を頂いた。後続組は、約一時間遅れで到着し、同じく夕食を頂いた後、小隊長以上の幹部隊員は、明日からはじまる警備の作戦会議を終え、午後十一時頃に就寝した。ところが、夜中になって周辺が騒がしくなったので確かめたところ、数人の隊員が腹痛を起こし、床にころがり苦しんでいる。これは食中毒かもしれないと判断し、駐屯地の宿直担当者に連絡して、とりあえず、腹痛の激しい隊員十名ほどを、近くの医院へ搬送した。医院には医師一人、看護婦一人しかいなかったので、応急処置として注射をしてくれたが、一本注射をするごとに注射器を消毒するので、治療が捗らず、順番待ちの隊員は床をのた打ち回っているような状況であった。最終の治療が終わったのは午前五時頃であった。

後で考えてみれば、食中毒になったのは、後続の輸送車で来た部隊の隊員ばかりで、先行組にはいなかった。夕食は全く同じ物を食べたが、夏場の暑い時期であり、一時間の時間差により、食材の変質が進んだのかも知れないと思う。また、大隊長も、ひどくはないが食中毒の軽い症状が出ているところから、輸送車組は、それだけ疲労も重なったのではなかろうかと思う。

ともかく、翌朝午前七時には、平和記念式典会場に現着し、待機場所に指定された原爆資料館の中の一室に入り、警備方針や配置場所、警戒の方法等について、広島県警の担当者から説明を受けた。

我が部隊は、式典会場の周辺に配置され、不法集団等の会場への侵入などに備えたが、その持ち場においては、何ら不法事案もなく平穏に終わったが、式場では、黙祷がはじまると同時に、首相の式典参加に反対する学生が、会場に乱入、逮捕される事件が起きたのである。

ところで、少し余談であるが、この原爆記念会場には過去二回訪れたことがある。一回目は、昭和三十二年十一月に警察学校初任科の卒業旅行で廣島へ行き、原爆資料館などを見学したこと。二回目は、近畿管区警察学校の中級幹部科程の卒業旅行で九州へ行った時、現地解散後、私は奈良県警の渋谷氏と二人で行動を共にして、長崎の平和記念広場へ、翌日には広島平和記念広場や原爆資料館などを見学して回った。とくに廣島の原爆資料館の展示物や写真などを見ると、思わず目を覆

佐藤首相を襲撃しようとした学生を制止した瞬間の映像[4]

いたくなるような悲惨な情景には言葉を失った。誰もが戦争を憎み、平和を尊ぶ気持ちが改めて湧いてくるのは当然である。しかし、この純粋な人々の気持ちを弄び、かつ、政争の具に利用したり、思想・信条を一方的に押し付けたりするのは許せないことだと思っている。

「管機初代大隊長川上侃氏のこと」

二年に亘り、管区機動隊でお仕えした川上大隊長の人となりについて、おこがましいが感想を述べることとしたい。一口に言って「悠揚して迫らず、堂々としているが、尊大なところなく、「能有る鷹は爪を隠す」の言葉通りの雰囲気を感じさせる」お方である。

大隊長のユニークな経歴について聞いたことがある。内容は要約すると概ね次のようであった。

「旧制の灘中学校（現在の灘高校）を卒業して、慶応義塾大学の医科に入学したが、遊びが過ぎて単位が取れず、二年で中退してしまった。何処へ行こうかと思っていたが、結局「陸軍士官学校」を受験し入学したが、間もなく終戦となってしまった。

終戦後、何もする気力もなく無意味に過ごしていたが、新聞を見ていると、日本は食糧難のため人口の半分は餓死するであろうと、連日のごとく報道していた。これはえらい事になるぞ、何とかしなければと思っていた。「そうだ、農業をして作物を作ろう」と思い、日本地図を拡げて見たところ、農業の出来そうな土地は十分ありそうだ。目を付けたのが大分県であった。さっそく大分県庁に行き、農地課長に面会して、海岸近くの空地をあっ旋してもらった。そこは陸軍の兵舎跡であった。最低限必要な農具を購入し、荒れ地を耕し、作物の種を蒔いて収穫を待った。が、土地は痩せており、十分な肥料もなかったので、作物は育たず収穫は皆無であった。付近の人が言っていたようである。「あの男はいつ音をあげて帰るのか」と。

農業は失敗だった。次は何をしようかと思っていたある日のこと、国の役人がやって来て、兵舎の状態を調べ始めた。「ここには五十三棟の兵舎があったが、三棟しか残っていない」というので、「私がここに来た時には、確かにもっと多くの兵舎がありましたが、その後、誰かが次々と壊して材木を持ち帰りますので、今は私が住んでいる棟と両隣の三棟だけとなりました。」と言い、さらに「他の棟が壊される前に兵舎の窓ガラスだけは全部はずして、私が保管しております」と言うと「あなたが居てくれたお陰でガラスだけでも残ったのだから全部あなたに差し上げます」といわれたので、有難く頂戴したのである。

当時、ガラスは貴重なもので、折角頂いた物であり、有効に活用しようと街に出て、ガラスを売ったところ、思わぬ収入となった。農業は諦めたが他に何か出来る事が無いかと思い、街をぶらついていると、ポンポン菓子の機械が売りに出されていたのが目に入った。〝これだ〟と直感したという。話すことのあまり得意でない自分にとっては、機械の爆ぜる音だけでお客が寄って来る。こんなうまい商売はないと思い、始めたポン菓子屋であるが、大繁盛でよく儲かったのである。数か月続いたと思うが、ポン菓子屋もそろそろ飽きて来たので、商売替えをした。初めは佃煮を作って売ろうとしたが上手く出来ずに止めて、次に兵舎の風呂跡を利用して、たくあん漬けを作ろうとしたが、コンクリートの風呂桶にひびが入っていたため、漬けた大根が乾いてカラカラになり、これも失敗した。このように暮らしている内に二年の歳月が過ぎたが、「日本人が餓死した」というニュースは一向に聞いたことがない。これはすっかり騙されたと気が付き、大分を引き払い兵庫に帰ってきたのである。」

「帰県してからしばらくは、国鉄の臨時職員とし

川上大隊長謝恩会の様子

て、大阪駅で改札の切符切りをしていたが、当時、大量の人員整理があるというので、一番先に首切りに遭う恐れがあった。そんな時、兵庫県警察の警察官募集のポスターが目に付いたので、これに申し込み受験して合格したのであった。」

川上大隊長の人となりについて、今少し触れておきたい。

部隊訓練の技術面については、岡崎副官を信頼して全面的に任せておられたが、それでも、要所要所の大事な点については、口を挟まれていた。

また、隊員への気配りは常に怠りなくされており、訓練中に隊員が怪我をして入院した時には、自ら見舞いに行き、その際、「学校の図書館で面白そうな本を四、五冊借りて来てくれ」また、「売店で見た目よりも実質的な果物とかお菓子を買って来てくれ」と言われ、これを持って病院に行き見舞われるのであった。

また、本県の警備課で勤務していたある日のことである。午後になってから「竹内君ちょっと外に出ようか」と言われるので、着いて行ったところ、「元町商店街を歩かれ、一軒のおもちゃ屋に入られた。何を買われるのだろうと見ていると、おもちゃの「潜望鏡」を買われ、次におもちゃの「模造銃」を買われたのである。一体どうされるのであろうかと思っていると、「これを使って、銃器対策訓練を実施することとした。副官と相談して訓練のシナリオを作れ」と。

一方、大隊長は、「これからは過激派等によるライフル銃等を使用した凶悪事件が想定される。したがって、これが対策を進めておく必要がある。」と言って、警備部の上層部に進言したが、「そのような銃器を使用して行う事件など、現状では考えられない」と言って、銃器対策にはあまり積極的ではなかった。それでも、私は、筆保幸宏副官と で作ったシナリオを基に、管区学校の玄関バルコニーを利用して、銃器対策訓練を実施し、これをビデオに収録した。

大隊長と私は、そのビデオを持って、部内はもちろん、各警察署を巡回して、銃器対策に対する意識の向上を図った。

それから数年を経ずして、あの「浅間山荘人質事件」が起きてしまったのである。思えば、川上大隊長の先見の明、すなわち深い洞察力には脱帽せずにはいられない。

「沖縄返還協定反対闘争警備のため東京へ」

沖縄返還協定は、日本とアメリカ合衆国との間で署名された協定で、正式名称は、「琉球諸島及び大東諸島に関する日本国とアメリカ合衆国との間の協定」である。

昭和四十六年（一九七一）六月十七日に調印、昭和四十七年（一九七二）五月十五日に発効し、沖縄の施政権がアメリカから日本に返還され、沖縄県が復活したのである。

これに反対する勢力が激しい抗議活動を展開し、首都東京に於いても連日、集団による不法行為が行われていたのである。

二代目大隊長・本林恵真警視率いる兵庫県警察管区機動隊も東京都公安委員会からの要請で、昭和四十六年（一九七一）十一月十七日から同月二十六日までの間、東京へ応援派遣されたのであった。我が隊は埼玉県の陸上自衛隊大宮駐屯地を宿舎として、毎日午後に宿舎を出て、任務終了後の深夜に帰所するという勤務であった。

闘争が一番激しかった十一月十九日、我が部隊は、皇居乾門の外側で警戒に当たっていた。何時頃かは定かではないが、無線傍受していると、「日比谷公園の松本楼が延焼している。」との通話が聞き取れた。と思ったら、乾門で警戒中の我々の頭上にも火紛の燃え糟が飛んで来た。その後分かったことは、日比谷公園内で激化したデモ隊の

皇居・乾門

一部・中核派の投げた火炎びんの直撃を受け、有名な松本楼が焼け落ちたのであった。

この夜、我々が警戒に当たっている処までの過激なデモ行進などはなかったものの、無線傍受を通じて都内各所では激しい闘争が繰り広げられていることが想像できた。感心したことは、〝さすが警視庁だ〟と思ったことである。各部隊の情報が警視庁の通信指令室に入ると、間髪を容れず、部隊の転進配置の命令が来る。

例えば「○○部隊から警視庁」「警視庁ですどうぞ」「投石が激しく何とか防護に当っているが、他部隊からの応援を請う」「警視庁了解」即座に「警視庁から△△隊」「△△隊ですどうぞ」「午後○○時○○分、命令、貴隊は○○に転進し、○○部隊の応援に当たれ」「△△隊了解」。

これはわが県警察の警備実施では考えられない早さだと思い、警視庁の連誘（連絡誘導）の警部に聞いたところ、「通信指令室に隣接して指揮室があり、各部隊などから、入って来る情報を瞬時に判断して指令を流している。」とのことで感心した。わが県でも見習うべきだと痛感した次第である。

ともあれ、我が部隊は、その後も殆んど皇居の警戒が主な任務で、十一月二十六日まで在京し、負傷者もなく帰県したのであった。

この警備出動に対し、近畿管区機動隊に対し、十一月二十五日付、本多警視総監からの感謝状を頂いたのである。

ここで改めて、沖縄返還協定締結に至る経緯を

東京出動を終えて
富士川サービスエリアにて

見てみることにしょう。昭和四十四年（一九六九）十一月、アメリカ合衆国首都ワシントンにて日本の佐藤栄作内閣総理大臣と、リチャード・ニクソンアメリカ合衆国大統領との日米首脳会談後発表された共同声明に基づき、日本国政府は、本協定第一条2に定義する琉球諸島および大東諸島の施政権の日本国への返還に関する具体的取極めについて、アメリカ合衆国政府との間に交渉を行い、その結果、最終的合意に達したので、本協定の署名を行った。

本条約を署名した際、議事録が合意され、返還対象の地理的範囲は、合意議事録で経緯度をもって確認し、尖閣諸島は、この地域内に含まれている。したがって、今日尖閣諸島をめぐって中国などが横やりを入れてくるが、領土問題は存在しないのは当然と言わざるを得ない。

「浅間山荘人質事件に思う」

視聴率九十パーセントと言われ、国民の殆んどをテレビに釘付けにした、「浅間山荘事件」は、昭和四十七年（一九七二）二月十九日から二月二十八日にかけて、長野県北佐久郡軽井沢町にある河合楽器製作所の保養所「浅間山荘」において連合赤軍が人質をとって立てこもった事件である。立てこもったのは、連合赤軍の坂口弘、坂東国男、吉野雅邦、加藤倫教、加藤の弟の五人であった。人質となったのは、管理人の妻牟田泰子さんである。

この事件では、警視庁第二機動隊隊長・内田尚孝警視、警視庁特殊車両隊中隊長・高見繁光警部と民間人一人の三名が銃で撃たれて犠牲となった。他に二十七名（警察官二十六名、報道関係者一名）が重軽傷を負ったのである。

二月二十八日午後六時十分、警視庁第九機動隊長大久保伊勢男警視ら第九機動隊員らが突入し、犯人全員を逮捕するとともに、人質を無事保護したものである。

事件発生から犯人検挙及び人質救出が十日間という長期にわたった理由は、人質の無事救出が最重要目的であり、かつ犯人を生け捕る方針であった。仮に犯人を射殺した場合「殉教者」として神格化される恐れがあったからであると想像される。

　逮捕時には、多くの銃砲や二百発以上の弾丸、鉄パイプ爆弾三個、銀行強盗で強奪したと思われる現金七十五万円などを押収した。

浅間山荘事件現場[5]

　事件解決の二月二十八日、「当日、私は警察本部警備部の宿直勤務であった。午後六時過ぎ外線からの電話を取った。男の人の声で「もしもし警察ですか」「はいそうです」「私は今伊丹の空港にいるのですが、浅間山荘事件をテレビで見ていたら、歯がゆくて仕方がない。いても立ってもいられない。六万円ここに持っているから今から現地へ行こうと思う」とのことで、しばらく押し問答していたが、テレビの実況中継の声が聞こえ、警察部隊が突入し、犯人逮捕、人質無事救出のニュースが流れた。電話の男にその旨話すと、男は「本当に良かった、有難う」といって涙声で電話を切った。忘れられない出来事であった。

　後日談をもう一つ語っておきたい。最終的に突入の指揮をとり自らも先頭に立って行った警視庁第九機動隊大久保隊長の体験談を直接聞いたことがある。昭和四十八年四月から警察大学校本科生として入校していた時のことである。私たちの学級組は、夏場に一週間、警視庁第九機動隊に体験入隊した時に、大久保隊長から、突入の時期、方法、任務分担、犯人の居場所の確認、人質の体力・精神力の限界等々分析の上、突入を決行した。苦労話を聞くことができ、この事件の解決の難しさを知ることができた。

　なお、連合赤軍をめぐっては、事件の捜査が進む中で「総括」と呼ばれる仲間内でのリンチ殺人が判明。内部崩壊が明らかとなった。浅間山荘への立てこもり直前の昭和四十六年（一九七一）十二月から翌年二月にかけて、群馬県の山中で十二人を殺害していた、世に言う「山岳ベース事件」である。首謀者は連合赤軍最高指導者の森恒夫（二七）と革命左派の獄外最高指導者で連合赤軍においても森に次ぐナンバー二の永田洋子（二七）である。私は当時警備部の宿直であったので、警察庁からの写真電送を受け、現場の様子を見ることができたが、そのむごさは想像を絶するものであったことを憶えている。

第三章　躍動期

アメリカのフォード大統領来日に伴う警護活動

昭和四十九年(一九七四)十一月、現職のアメリカ大統領として日本を初めて国賓として公式に訪問したフォード大統領は、昭和天皇と会見した。また、田中角栄総理大臣と「日米の安全保障」などをテーマに会談したほか、日本武道館で柔道や相撲を観戦した。

十一月二十一日には羽田空港から大阪国際空港へ。そして、京都御所・二条城・金閣寺などを訪問され、二十二日には大阪国際空港から韓国に向けて出発されたのである。

アメリカ・フォード大統領

我が第二機動隊は大阪国際空港において、一連の警護活動に従事したのである。私は、この年の三月の人事異動で姫路警察署の警ら第三課長を命ぜられ、併せて、第二機動隊の中隊長に指名されていたのである。

十一月二十日に大阪国際空港に到着し、福田四郎大隊長の指揮のもと、空港内配置場所の実地踏査を行うと共に、人員の配置、私服部隊との連携など詰めの協議を行った後、宿舎である陸上自衛隊伊丹駐屯地に向った。

翌日は、羽田から大阪空港への到着便に対する警備に従事した。我が中隊は国内線二階エリアの警備を任されていたが何事もなく終了し宿舎へ帰り、反対派勢力の不法行為等に備えて待機していた。夜になり、仮眠していたところ無線が入り、「反対派が集団で空港に押し掛けて来るかも知れないので、出動準備をしておけ」との警備本部からの命令が来た。我が部隊員を起こし、出動準備をして輸送車に乗車し出発しようとした矢先に無線が入り「そのまま暫く待機せよ」との指示が来た。

その後、待機を続けていたが、なかなか次の命令が来ない状態が、数時間続いたと思う。警備本部へこちらから無線で「現在待機を続けているが、状況は如何に?」と問うと、警備本部からは「暫く待て」と言うのみで、その後、待てども待てども次の指示は来ない。思い出すのは、東京出動した時の警視庁の無線通話傍受の際の指揮対応の早さ、的確さである。

十一月二十二日は、大統領が大阪空港から韓国へ向け出発する際の警備である。前日と同じく我が隊は空港国内線の二階エリアの警備に就いた。午後何時頃かは忘れて定かではないが、大統領は何事もなく韓国へ向け出発されたのである。

何事もなく任務を終了することができ、後は、任務解除の命令を待つばかりとなった。しかし、一時間経っても二時間過ぎても解除命令は出ることなく、配置に着いた状態で何もすることなく待つばかりであった。大阪府警の部隊は、とっくに引き揚げているにもかかわらず、である。

後刻分かったことであるが、ちょうどその日に、但馬の県立八鹿高校事件が勃発し、これの対応で部隊運用をどうするか、上層部で検討中であったことが分かったが、それはそれ、別の次元の問題として考えればよいことではないか、と思ったのである。少し辛口の話をしよう。今回の警備について警備本部長として指揮していたN警備部長は、日頃の言動や立ちふるまいに優柔不断なところが見られていたと云い、部員たちに心から尊敬されていなかったと聞いていた。「宜なるかな」である。

八鹿高校事件に思う

八鹿高校事件とは、昭和四十九年(一九七四)兵庫県八鹿町の県立八鹿高校で起こった同和教育をめぐる事件のことである。この事件の奥底に潜在する思想闘争など微妙な問題が絡んでいるので、ここでは、ざっくりと事実のみを述べたいと思う。

同年十一月二十二日教師側との話し合いを求めハンガーストライキを決行した部落解放研究会メンバーの生徒を無視して集団下校をはじめた教師らに対し、部落解放同盟を中心とする八鹿高校差別教育糾弾闘争会議が教師らを同校体育館に監禁、暴行を加えるなどした。事件前、八鹿高校では被差別部落出身の生徒が設立した新組織、部落解放研究会の承認をめぐって緊張が高まっていた。同事件をはじめ、部落解放同盟が南但馬地方で起こした差別糾弾闘争の一連の事件により、部落解放同盟のメンバー十三人が逮捕監禁、傷害などの罪で訴えられた。昭和五十八年（一九八三）十二月神戸地方裁判所は懲役三年（執行猶予四年）を最高とする有罪判決を被告人全員に言い渡し、昭和六十三年（一九八八）三月大阪高等裁判所もこれを支持、平成二年（一九九〇）十一月最高裁判所は被告側の上告を棄却したため、一審判決が確定した。

生野義挙記念碑

この八鹿高校事件発生の前のことである。昭和四十九年（一九七四）十月二十日ごろ、姫路署で勤務していた我々第二機動隊に対し緊急出動命令が下った。直ちに部隊編成のうえ和田山警察署管内の朝来町に向った。生野町と朝来町の境界付近にある「生野義挙記念碑」前の広場に到着すると、和田山署員からの説明を受け、朝来町田淵のH宅に向かい警戒に当たることとなった。

夜になっていたが、現地に近付いて驚いた。家が点在する田舎の風景とは打って変わり、無数の電燈が灯され、大勢の群衆の叫び声、ハンドマイクによる怒号など、お祭りの宵宮と思われるほどの様相を呈していた。

聞けば、この騒ぎの発端は、この年の九月九日朝来町岩津の路上において、兵庫県教職員組合朝来支部長のHら十名が解放同盟らの行き過ぎた糾弾活動に反対するビラを配ったことで、解放同盟側のMら四〜五十人のメンバーがHらを取り囲み、暴行を加えるなどの糾弾を行い、その場で監禁状態にしたもので、いわゆる「元津事件」とよばれるものである。この事件の余波とも見られるのが、この度の「H宅包囲事件」であった。

前述の如く、H宅及びその周辺はけんそうを極めていた。連日五百名～二千名が押し掛けH宅の周囲をぐるぐる回りながら、「Hを糾弾！」「H出て来い」などありとあらゆる罵詈雑言を浴びせかけ、昼夜を分かたず十月二十六まで続けたのである。正気の沙汰とは思えない光景であった。

我々部隊は、如何ともし難く歯がゆい思いであったことを憶えている。

我が第二機動隊は、八鹿高校事件のその後も、度々学校周辺の警備に出動したのであった。出動時期が冬季であったので、待機時間の多くを和田山警察署内で過ごしたが、署長・次長以下署員は忙しく駆け回っていたという印象が強かった。その時思ったのは、こんな大変な署で勤務するのは、正直言って御免蒙りたい。と思っていた。ところがである。翌年三月の人事異動で、私は姫路警察署から「和田山警察署次長兼刑事官」を命ぜられたのである。

「和田山警察署勤務の事」

昭和五十年（一九七五）三月、和田山警察署に着任したとき、署長として着任されたのが、青木重次警視であった。青木署長は、私が機動隊の分隊長として着任した時の副隊長で居られたのである。その時はいろいろとご指導賜ったところでもあったので、私としては、頼もしい存在であった。後の事ではあるが、二年間の和田山署勤務を終えて、私は青木署長と共に機動隊勤務となったのである。このように見てくると和田山署勤務は、機動隊とのご縁が繋がっていたと云うべきである。

和田山警察署員一同（警察署玄関前）

そんな思い出多い和田山での出来事の主なものを見てみる

事にしよう。
まず、事件関係について

■告訴事件の残務処理

前年度まで管内で繰り広げられていた解放同盟の糾弾等による告訴事件の処理が数件残っていたので、警察本部捜査員の応援を頂きながら処理し完結させた。

ところで、新年度になってから、「糾弾に対する公式見解」が県知事から次のように示されたのである。

・相互の人権を尊重し民主的に
・共通の理解のもとに教育的に
・両者による事前の協議でルールを定め
・場所の指定と時間の制限のうえ公開で
・暴力的であったり、恫喝したり、揶揄したりしないこと

さらに、本部長補足として

・一方的に押し付けない
・される側の退出の自由を保障する
・警察が糾弾会の状況の確認を求めた場合はこれに応じることが示されたのである。

■統一地方選挙の取り締まり

四年に一度の統一地方選挙があり、着任と同時に、署の選挙取締本部を開設すると共に、署員教養の実施、取締班の編成、選挙管理委員会との合同説明会への出席等、私としては初めての捜査指揮ということで、多少の戸惑いもあったが、何とか無難に終えることができたと思っている。署員教養の中で特に強調したのは、①「選挙運動」と「政治活動」は違うのでそこはよく見極めること。②ひぼう中傷合戦に巻き込まれないこと。③警告事案については取締本部との

選挙管理委員会との合同説明会会場の朝来生野交流会館

連携を忘れないこと。を徹底した。

古い因習が残っており、各地域の入り口には、数人の見張りがいて、昼夜の別なく他所からの票の引き抜きをされぬよう警戒している。我々が私服で夜間その場所を通ろうとすると、尾行してくる始末である。選挙を通じいろいろなことを経験させられたものである。

■農協支所宿直員強殺事件の捜査

私が着任した時の前任者からの引き継ぎ事項として最も重要な事件は、昭和四十九年五月十日～十一日に発生した「東河農協支所における強盗殺人容疑事件」の継続捜査であった。この事件は、警察署の北東部にある「東河農協支所」に宿直に当たっていた金融係長が、何者かに刃物で刺され連れ去られたと思われる事件が発生した。が、現場に残った血こんの量から推測すると、致死量には至っていないと思われ、したがって、生存のまま支所の車で拉致されたものであると判断し、「強殺容疑事件」として特捜本部を開設して捜査をつづけていたものである。

発生当初は、綿密な現場検証、警察犬を投入した大掛かりな山狩りや、聞き込み、関係者からの聞き取りなどあらゆる初期捜査を行ったが、犯人検挙はもちろん被害者の行方も知れないまま、一年が過ぎてしまった、と云うものであった。

和田山署に着任してから二か月ほど経過した五月二十五日（日）の午後六時頃であった。署の宿直勤務の三浦部長から電話がかかってきた。内容は「夜久野近くの森林の中から白骨化した頭がい骨が発見された」との事であったので、「東河農協事件のS氏ではないのか」と尋ねたところ、三浦部長は、「現場に行ってみなければわかりません。」とのことであった。私は直ぐに車で署に向かい、三浦部長らとともに現地に向かったのである。現場は夜久野へ通じる道路から森林の中へ百メートルほど入った場所で、斜面のややきつくなるところであった。通報のあったとおり、山の斜面下に白骨化した頭がい骨がころがっていた。斜面の上あたりにも足の骨らしきものがあったので、とりあえず現場保存をしたうえで、頭蓋骨のみを持ち帰り、被害者のかかりつけの歯科医に見てもらったところ、カルテと一致しているのでS氏に間違いないことが判明した。

直ちに署長に報告して、発見現場の検分をお願いし、指示により、警察本部刑事部の宿直担当者を通じ捜査第一課長に報告したのである。なお、その夜は一睡もせず、報告書の作成や検証令状の請求、本部員の受け入れ、自署捜査員の確保、食料の手配など、緒準備に万全を期した。

この夜を境に和田山署は俄然慌ただしくなってきたのであった。

翌日からは、坂本喜久雄捜査一課長や日笠巧鑑識課長及び捜査員に対し、私から事件の概要について説明

養父駅（この駐車場に被害者を運んだと思われる支所の軽四貨物が放置されていた）

を行った。次いで現地に向かい、鑑識課長指揮の下、五十メートル四方をロープで囲み、その中にある土以外の全ての物質を袋に入れて署に持ち帰り、署の道場でピンセットで選り分けて、髪の毛一本も見落とすことのないように綿密な鑑識作業を行った。その結果、頭蓋骨以外の骨の殆んどが見つかったのである。しかしながら一年の時間の空白によるものか、事件に関する遺留品等の発見には至らなかった。

遺体発見まで暫くの間本部へ引き揚げていた捜査一課の捜査員・酒井直實警部以下五名も、特捜本部に常駐し捜査を続けたのである。死体発見後には、城内康光刑事部長（後の警察庁長官）も激励に来られたので現場も見ていただいた。

しかし、発生から一年のブランクが、人々の記憶の薄れ、物的証拠の散逸など捜査の壁は厚く、進展のないまま、二年の時が過ぎてしまい、在任中に何とか、と願ったのであるが、残念ながら解決できず悔しい思いだけが残ってしまった。

■会社倒産事件に破産法適用

和田山町にあるインテリア会社が、多額の負債を抱えて倒産した。資材納入業者からの訴えで、捜査を開始した。罪名は「詐欺罪」である。当該会社の社長が資金繰りのため、代金支払い能力がないにも拘わらず、資材を買い付けたというのである。捜査を進めて行くと「取り込み詐欺」もさることながら、倒産を予期しながら、資産隠しをしている疑いがあるところから、「破産法違反事件」の適用が可能ではないかと考察し、本部捜査二課とも連携しながら捜査を進めることとした。なお、この件の捜査に当たっての参考事例は少なく難儀していた。警察大学校同期の者が警察庁捜査二課にいることが分かり、資料を取り寄せたりしたこともあった。

捜査の終結は、破産法違反、業務上横領及び詐欺罪として立件することができた。この事件の捜査に関しては、部下の足立刑事課長の卓越した捜査感覚と研究熱心な努力が実を結んだものと言わざるを得ない。

■鋼材ドロボーの検挙

或る晩、生野町の資材置き場から、沢山の鋼材が盗まれたとの届け出により捜査を開始した。調べてゆくうちに、資材置き場専門の窃盗グループによる犯行であることが判明した。うち、一人の男は、当時は滋賀県の大津刑務所に服役中であることが分かった。早速大津刑務所に問い合わせたところ、間もなく刑期を終えて出所の予定だと云う。そこで事情を話し、出所の日時を確認したうえで、刑務所を出て来たところを逮捕するという手筈を整えて、当日署の車で大津刑務所に向った。刑務所から出て来たところを通常逮捕して署に連れ帰った。共犯者数名を割り出し、捜査を続けた結果、本犯とともに余罪を追及したところ、県内はも

田和坂峠（盗んだ鋼材置き場はこの峠の下にある）

ちろん数府県にまたがり多数の余罪が出てきたので、裏付け捜査を終え事件の終結をみることができたのである。

この事件は、刑務所に収監中の被疑者を検挙すると云う過ってないところの思い出深い経験であった。

■学校崩壊寸前

管内に和田山商業高校があった。私が着任するまでには相当校内が荒れていたことは聞いて知っていた。度々教頭が来て、状況を説明していた。教頭としては警察の力で何とか対処してほしいとの意向であった。ところが、校長は「教育的指導」で納めたいとの意向が強かった。

ある日のことである。「一部生徒が暴れ出し、二階の教室から、窓を破って机や椅子を投げ落としている」との通報を受け行ってみると、教育現場とは思えない光景があった。教室の窓は破られ、机や椅子が地面に叩きつけられて大破しており、他にも黒板は壊されて下に落とされていた。また、教室内は、たばこの吸い殻が散らばっており、ブリキ製のごみ缶の中で廊下の腰板などをはがして暖をとったと思われる燃え糟が残っていた。廊下と教室の窓が壊されているため、用務員さんがベニヤ板を打ち付けるなどの応急処置をしているので、まるで工場の中にいるような感じがした。こうなると、誰が見ても、もはや教育現場ではない。

県立和田山高校（平成11年までの和田山商業高校）

そこで、校長に面談して、被害届を出すようにうながしたが、それでも「教育的指導」で何とかします」の一点張りでその日は埒があかなかった。

警察としては校長の意向はどうであれ、一部の生徒であるが、非行事案として補導することでしか解決できない問題であると、その後一斉補導に着手した。その結果、荒れ果てていた学校も正常さを取り戻し、本来の教育現場へと立ち直ることができたのである。

■計量機誤作動詐欺事件の捜査

生野町にアルミ製品の製造会社があった。ある日生野警部派出所の勤務員が、若い男を本署に連れて来た。事情を問うと、「この男は、会社に納入する原料の重量を計測する機械の下に潜りこみ、計測棒に乗り数量を誤魔化す片棒を担いでいたのである。とりあえず、住居侵入の現行犯として逮捕し調べたが、「知らぬ人から頼まれて、ただ中に入り、合図したら棒の上に乗れと言われただけで自分は何も知らん」と言うのみで、捜査はあまり進展しなかった。

資材納入状況はこうである。大阪の方の取引業者からアルミの原料がトラックに積んでやって来る。計量器のある会社のブースを通る時計量板の上を通過するので重量は自動的に量られる。同時に計量結果が印字された納入伝票が出て来るので、運転手はそれを確認し、資材納入場所へ運びトラックから降ろして一連の作業を終えるのである。

問題はこの間に、誰かをひそかに計量器の下に潜り込ませて、運転手の咳払いか何かで合図を送り、合図を聞いた者が計量棒に乗り重量を誤魔化すと云うもので、会社によれば、最近どうもおかしい。現物と計量にずれがあると感じていたが、真相が分からなかった、というのである。

捜査の舞台は主に大阪であった。大阪まで出向いて行くのは、署員だけでは人員不足である。本部捜査二課からの応援を求めたが叶わず、結局捜査は暗礁に乗り上げてしまった。歯がゆく残念な事件であった。

■変死体の検視

在任中結構変死体の数も多かった。管内であった変死は全部立ち会った。特に印象に残っているのが数件あった。国鉄山陰線の夜久野トンネル内での男性の飛び降り自殺があった。登りの列車が通過すると、次の下り列車が通過するまでの時間内に、担架を持ってトンネルに入り、バラバラになった遺体を集めてトンネルを出るまで、十数分かかったと思う。身元の確認には手間取った記憶がある。

　今一つは自宅での猟銃自殺であった。狩猟用の散弾銃の銃口を自分の喉元に当て、足の指で引き金を押して発砲し、自殺したものである。前の方の射入孔は小さいが、首の後ろの射出孔は大きくえぐられていた。目の前でやられた家族は堪らない。他に生きると云う選択肢はなかったのかと惜しまれる。

明延鉱山神子畑選鉱所跡

　他にもこんなこともあった。生野町の神子畑選鉱所の西方から宍粟郡の方に抜ける山道があり、小川が流れている。その落ち窪にうつ伏せになって死んでいる高齢の男の遺体を発見した。昨年の十二月に歩いて宍粟の自宅に帰ろうとしたものと思われるが、途中で力つき亡くなったと思われる。当時は捜索願が出され、人数を出して捜索したようであるが、発見されなかったもので、冬場は雪にうずもれていたので見えなかったが、雪解けにより遺体が露出し発見できたものである。厳寒の雪の下で数カ月も遺体で過ごされ、さぞ寒かっただろうと、心からご冥福を祈らずにはいられない。

　次に事件以外の思い出について見てみよう。

■天空の城・竹田城に登る

　昭和五十一年五月、武藤　誠警察本部長の初巡視があった。和田山署を皮切りに但馬地区の七署を回られたのである。本部長は歴史に造詣が深いということを聞いていたので、あらかじめ立ち寄られる所を選定し、それなりの知識も習得してその日を迎えた。当日はあいにくの雨天であったが、はじめに、生野銀山跡に案内した。生野会館の館長に生野銀山の歴史や規模、銀の産出量等について説明を受けた。それによると、生野銀山は、大同二年（八〇七）の開鉱と伝えられるが、昭和四十八年三月鉱量枯渇のため閉山された。この坑道の一部を利用し延長約二百メートルにわたり、手掘り時代から近代化された現在までの採掘状況が再現紹介されている。坑内は気温一五℃前後で涼味満点である。とのことであった。

明治時代の生野銀山

次の立ち寄り先を竹田城跡に決めていたが、あいにくの雨のため、中止せざるを得なくなった。次に朝来駐在所に立ち寄り、藤原巡査部長を激励された後、本署に向われた。署長から管内概況の説明に続き、幹部の紹介があり、全署員に訓示されてから当署をあとにされた。

朝来駐在所激励

翌々日、八鹿署の次長から連絡があり、本部長が、竹田城に登りたいと言われていると云う。

ここで竹田城跡について少し整理しておこう。竹田城は別名「虎伏城」とも言われ、国鉄播但線竹田駅の西にそびえたつ古城山の山頂（標高三五三ｍ）に築かれた山城で、嘉吉年間（一四四一～一四四四）山名持豊（宗全）が築いたものと言われる。城跡遺構は、天守及び天守曲輪、北千畳、大手門等からなり、南北約五百メートル、東西約百メートルで、その城郭史的価値は、我が国山城中屈指のものと言われ、国の重要文化財（史跡）に指定されている。

竹田城跡・天守閣跡に立つ
（右本部長・左秘書官）

　この竹田城跡へ武藤本部長を案内した。石垣だけが残っており、本丸跡の一番高い所に立って、向かいの立雲峡（城主山名宗全の居宅跡）や和田山、朝来、生野の町並等について説明していると、「舟宮古墳」について訪ねられた。県史跡には指定されているが、今では地元の人も知らないと思われるほどの古墳である。私はたまたまその場所だけは知っていたので、竹田城跡を降りてからそこへ案内した。さすがに本部長はこの古墳のことについてよく知っておられた。地面に木の枝で絵や文字を描かれながら、説明して下さった。それによると「船宮古墳（ふなのみやこふん）は、古墳時代中期の五世紀後半頃の築造と推定される。被葬者は明らかでないが、国造級の豪族の首長墓と推定され、特に当地を治めた但遅麻国造の船穂足尼一族との関連を指摘する説がある。一帯は狭い平野であるが、このような大型の古墳が築造された背景として、円山川沿いが山陽・山陰地方を結ぶ交通路であったことが指摘される。なお、古墳域は昭和三十六年に「船之宮古墳」の名称で兵庫県指定史跡に指定されている。

　本部長は、前々日は雨のため叶わなかった竹田城跡と船宮古墳跡がつぶさに見られ満足して帰られたと思っている。

船之宮古墳にて

　ところで、竹田城についてもう少し書き加えたい。私は和田山に来て、春から秋にかけては三日に空けず竹田城か向かいの立雲峡のどちらかに行っていた。早朝五時半に起床し、車で宿舎を出発して、署に出勤するまでの時間帯に行って付近を散策していた。当時は竹田城と言っても、あまり有名ではなかったのである。それがどうだろう。今日のようにこの城跡が俄に脚光を浴びるとは考えられなかった。やはりマスメディアの力は大きいと言わざるを得ない。と思うのである。

■但馬武道大会で柔道初の優勝

昭和五十年秋に豊岡市民体育館で行われた恒例の但馬地区柔道・剣道大会に、私は柔道の部で大将として出場した。出場チームは豊岡のみ二チームであとの署は一チームで合計八チーム、各チーム五名のトーナメント戦である。我が署の柔道チームは、初戦、二戦と勝ち進み、いよいよ決勝は豊岡Aチームと戦うこととなった。勝負は互角に進み、決着は大将戦に持ち込まれてしまった。相手チームの大将は若くて大柄な如何にも強そうな男であった。周囲の雰囲気は、敵・味方ともに相手有利と思われていた。そうなると余計に闘志が湧いてくる。いよいよ試合開始の合図と共に組んでみた感触は、これは行けそうだと直感した。直後、無意識に技を掛けた。左釣り込み腰が見事に決まった。相手は大きく弧を描いて畳に背中から落ちた。その時の爽快感は今も忘れない。

優勝した柔道選手団

翌年は剣道が優勝した

和田山署の術科の錬度の高さを証明できるも

のは他にもある。昭和五十一年度の県下けん銃射撃大会において、B組優勝の快挙を遂げたのである。

■暴力追放花火の打ち上げ

和田山署も例年、暴力追放大会を行っているが、それとは別に、八月二十三日の「地蔵祭り」に際し、主催の商工会にお願いして、暴力追放花火を打ち上げて貰った。当日の人出は推定約五万人と盛況であり、広報効果は上がったものと思われる。

暴力追放花火の打ち上げ
（同時にマイクで趣旨説明を行った）

なお、当日は例年祭りに合わせて暴走族が走り回るので、署の警備体制を整えて対応した結果、兆しはあったもののこれを封じ込めることができた。取り締まりは深夜にまで及び、体制を解除したのが翌日午前一時半ごろであった。

■遠坂トンネル貫通式に出席

遠坂トンネルは、氷上郡青垣町と朝来郡山東町を結ぶトンネルであり、全長二、六キロメートル（道路延長四、七キロメートル）で兵庫県道路公社が管理・運営している。昭和四十八年（一九七三）に着工し、昭和五十二年（一九七七）開通したものである。

このトンネルが出来るまでは、遠坂峠があったが、この道路は高低差がきつく、そのうえヘヤピンカーブが続き、また、冬季になると積雪や路面凍結が多く危険な道路として難儀していたのである。

このトンネルができる前に、自動車の転落事故があった。青垣町の方から和田山に帰る途中遠坂峠の頂上付近のカーブを曲がり切れずに約三十メートル下の谷底に落ちたが、車は仰向けに転覆しており、下敷きになっていたので発見が遅れ、三日ほどしてから見つかった。私が現場に到着した時は、既に交通課員が遺体を引き上げようとしていた。見ると遺体を乗せた担架をクレーンで引き上げる準備をしていたので、「遺体の尊厳を損なう恐れがあるので、人の手で運ぶよう」指示したのである。

　昭和五十一年（一九七六）、トンネルの貫通式に招待を受けたので出席した。トンネルの中央部に壁一枚を残し、発破をかけて貫通させる儀式である。我々は山東側から、坂井時忠兵庫県知事らは青垣町側から中央付近に入った。予定の刻限が来たので、知事の発破ボタンが押され、見事に貫通した。両方から掘り進め中央で寸分の違いもなく、その技術の高さには心から感服した。帰りには「安産のお守りとなる貫通石」を記念に頂いた。貫通式に立ち会うという貴重な体験ができたことに感激させられた。

遠坂トンネル（現在の様子）

■二冬の雪道体験

　但馬では「弁当忘れても傘を忘れるな」と言うくらい南部よりは雨が多い。それが冬になれば雪に変わるのである。積雪量は年によって違いはあるものの、在任期間の二年間はどちらも例年よりは多かったと思う。特に一年目の冬は大変であった。タイヤチェーンを巻くのも生まれて初めての体験であったので、署員から教わり要領を覚えた。車もポンコツの軽四から普通車に買い替えた。住まいは署から約四キロメートル離れた職員宿舎で単

但馬雪の集落

身赴任していた。冬場になると殆んど毎日のように積雪が続いた。朝起きると宿舎の周りは一面の雪景色である。子供たちは喜ぶであろうが、そんな余裕はない。まず、車の屋根に積もった五十センチほどの雪を落とし、道路に出るまでの通路の雪も両側に除けてから約四キロの道のりを運転して署まで行くのである。通勤道路は除雪車による除雪がしてあるので問題はない。勤務が終わり帰る時間になると、雪は止んでおり道路の雪もないので、タイヤチェーンを外して帰るのである。チェーンを外さないとチェーンの磨耗が早く、また、路面を傷めるのである。

ともかく、雪の多かった在任二年間は、冬場においては雪との共生の日々であり、我が人生における貴重な体験であったと思っている。

「三度目の機動隊勤務」

昭和五十二年（一九七七）三月二十八日付で機動隊に転勤となった。この度で三度目の機動隊勤務である。同日付で和田山署から青木署長が隊長に、大島正司警備課長が機動隊特務係長に転勤となったのである。

「訓練環境の整備」

隊長補佐といっても各中隊長のように部隊を指揮して警備出動をするようなポストではなく、教務係、装備係及び特務係の指揮・運用を通じて隊長を補佐する立場にある。したがって訓練環境を整えるのは重要な任務であると考え、遂行することとした。主なものを挙げて見ると次のようである。

■機動隊教範の改訂

隊員の頃から機動隊の訓練のバイブルとされて来た「機動隊教範」も時代の流れとともに現状に合わなくなっている。例えば災害訓練で「木流し工法」とか「張り莚の作製」などは、その一例であるが、他にも沢山現状に合わないものがあり、この際内容を替える必要があった。ベテラン小隊長等からプロジェクトチームを編成し、改訂作業に取りかかった。三ヶ月位で素案ができたので、内容を検討した上、隊長決済を仰ぎ、改訂版の「機動隊教範」の完成をみたのである。

■リペリング塔の設置

レンジャー部隊の訓練場所が無く苦労していたので、機動隊の操練場に設置をと考えたが、業者に注文すれば費用も相当かかるし、予算が無い。そこで目を付けたのが、関西電力の電柱であった。当時は木製の電柱からコンクリート電柱に替わっていたころであり、交渉した結果、無償で譲り受けることができた。設置費用も格安で見事なリペリング塔が完成したのである。これまでは、須磨浦公園や六甲山中などで訓練していたのが、機動隊内でも基本訓練がやれるので隊員の士気も上がったと思う。

■ヘリとの合同訓練の開始

県警に防災ヘリが導入され、自衛隊の元パイロット田代巌氏が機長として操縦していた。我が機動隊のレンジャー部隊もヘリを使用した訓練が必要とされる機運が高まってきた。既にヘリを使った訓練を行っている警視庁、大阪府警等に運用要領などの提供を受けて、これらを参考にして、本県でも合同訓練を始めることとした。

ヘリ基地のある伊丹空港を訪問して、田代機長に趣旨を説明して賛同を得、「ヘリ訓練要領」を次のように作成した。

・年間八回、一六時間位
・六月（一回）、七月（二回）、八月（二回）、十一月（二回）、一月（一回）
・十二名を二個斑（一個斑六名あて）
・訓練内容
①航空機偵察要領

県警所有のヘリコプター

②リペリング要領
③ホイストによる降下要領
④航空機飛び込み飛び降り要領
⑤特殊資機材による操作要領
・訓練場所はポートアイランドか鶉野飛行場跡とし、
訓練員は、身長一七五cm以下、体重七十kg以下として、各小隊二~三名合計十二名を選定する。
その後、具体的な訓練の日程、訓練場所、訓練の内容等細かく詰めたうえで実施が決まったのである。

■訓練場の確保

須磨区妙法寺にある機動隊舎は、操練場が狭く満足な訓練が出来ないため、隊舎外の適当な場所を探し、管理者と交渉して借用し、訓練を行っていた。その一つが、兵庫県消防学校の校庭であった。毎月の訓練計画を書面で提出して使用していたが、ある日から突然使用してもらっては困ると、使用を拒否してきたのである。聞けば、消防学校の副校長が交代してから方針が変わったのだという。

機動隊が消防学校の校庭を使用できるようになった経緯は、県が消防学校を建設する際、あまりにも敷地面積が広いので、校庭の使用について機動隊の訓練場として使用することができる。との方針が示されていたと承知していたので、再度の申し入れを行ったが聞き入れてもらえなかった。拒否された理由は、「訓練中の掛け声や騒音が大きいので、消防学校の授業の妨害となる」とのことで、一利は有るとは思うが、話し合いで歩み寄り出来る事もあろうかと思われたが、その術はなかったのである。

須磨区高倉山の造成地（この造成地の土でポートアイランドを埋め立てた）

それとは別に、成田警備などを想定した夜間訓練の場所探しにも苦労した。候補地として神崎郡の峰山高原や姫路市の書写山、猪名川渓谷など実地踏査して見たが、いずれも遠方過ぎる事もあり適切ではないと判断した。最後に行き着いたのが、小野市と加西市の境界にある陸上自衛隊青野原演習場であった。早速、管理棟を訪問して、係官に対し、訓練の目的、時間、区域など説明したところ、快く承諾して頂いた。

その他、一般の訓練場としては、神戸地区では高倉山造成地やポートアイランド埋め立て地など、阪神地区では西宮ラグビー場跡など、管理者の許可を得て使用していたのである。

■ラグビーを術科正科に

当時、隊員の有志の中から自然発生的にラグビー熱が高まり、休日や勤務を終えてから趣味としてラグビーを始めた。加入人数も二十人余りとなって、練習にも熱が入り、自然と怪我人も出るようになってきた。

隊員たちは、自分たちの練習だけでは飽き足らず、ラグビーフットボール協会に加入して対外試合にも参加していたのである。

ラグビーというスポーツは、チームワークや団結力を高め、体力・精神力を増進させるという機動隊員として打って付けのスポーツである。

既に正科として認定しているラグビー先進都府県の警視庁、大阪府警、福岡県警などに問い合わせ、それを参考にして、実施要領を策定して警務課長、警備部長の決裁を得て、機動隊の術科正科としたのである。ここに趣味で始めた機動隊ラグビー部員も日の目を見たのである。なお、これによって、試合や練習中の怪我も公傷と認定されるようになったのである。お陰で私はラグビー部の顧問に祭り上げられ、ユニホームやスパイクなど一式を購入して、日々の練習や対外試合にも同行するなど忙しい日常を送ることとなったのである。

「成田空港開港警備に出動」

昭和五十三年（一九七八）三月三十日の成田国際空港の開港を迎え、我が兵庫県警機動隊にも全隊で出動することが決まった。

ここで成田空港が開港するまでの経緯を見てみることにしよう。

一九六〇年代には、大型旅客機の増加と高度経済成長によって、年々増大する国際輸送における航空機の重要性が高まっていた。また、フランスの「コンコルド」に代表される、滑走路の長大化も求められていた。そのため、羽田空港の再拡張で対応することが検討されたが、東京港の港湾計画との調整が極めて難しい状態であった。技術的にも当時の港湾土木技術では不可能に近い状態であった。仮に拡張できたとしても、空港の処理能力は、大幅には改善できるものではなく、せいぜい二十％程度の増加しかなかったようである。

このような理由から、羽田空港の拡張ではなく、新空港の建設の検討に至ったものである。したがって、昭和三十七年（一九六二）から、新国際空港の候補地についての調査が開始されたのである。

当時の運輸省は、昭和四十年（一九六五）成立した「新東京国際空港公団法」により、新空港の建設候補地の検討に入ったのである。

新空港の候補地としては、

・千葉県東葛飾郡浦安町沖の埋め立て地
・千葉県印旛郡富里村・八街町
・茨城県の霞ケ浦沖の埋め立て地
・神奈川県横浜市金沢八景沖の埋め立て地

などが挙げられた。

最終的には、当時の佐藤栄作内閣が、建設予定地を千葉県富里村・八街町から、成田市三里塚に変更することを、昭和四十一年（一九六六）七月四日に閣議決定したのである。その理由として、国有地がある宮内庁下総御料牧場や県有林があること。そして、その周辺の土地は、戦後開拓農民（その多くは満州国と沖縄県からの引揚者）の所有であることから、用地買収は難しくないと考えたようである。

　しかし、地元の土地所有者は、猛烈な反対をしたのである。その理由は、事前説明がなかったことである。移転や騒音問題は、そこに住む人にとって、死活問題である。そのために、空港建設に猛烈に反発し、「三里塚芝山連合空港反対同盟」を結成し反対活動を開始した。

　さらに、この空港問題をややこしくしたのは、日本の新左翼が支援を開始したことである。後に、激しい実力行使やゲリラ闘争が行われたのである。これが「三里塚闘争」である。

　用地買収は停滞を極め、当時の政府は昭和四十六年（一九七一）に、土地収用法に基づき二回に亘る行政代執行を行い、一期工事の用地を取得したのである。この時に、神奈川県警堀田大隊の警察官三名が、反対派勢力のゲリラ攻撃による火焔びん、竹槍、角材、鉄パイプなどによる奇襲攻撃に遭い殉職するという痛ましい事件が発生したのである。これが、いわゆる「東峰十字路事件」である。

　さらに、昭和五十二年（一九七七）五月九日未明、空港南約十キロ地点にある山武郡芝山町小池所在の芝山長町宅前に臨時にできていた成東署竜ヶ塚派出所が過激派による火炎びんで襲撃された。警察官六人が重軽傷を負って入院したが、岡田和則巡査部長（三十歳）が二十一日ついに死亡、東峰十字路事件での三人に次ぐ四人目の警察官の殉職となった。

　このように、過激派を含む空港反対派のゲリラ活動はますます激化の一途をたどって行ったのである。したがって、新空港の開港が果たして予定通りになされるであろうか、危惧されていたのである。

　警察としては、日本警察の威信にかけても国民の期待に応えなければ

東峰十字路事件で過激派の襲撃を受け殉職した機動隊員３名の慰霊碑

ならない。そこで、今回のような全国警察から千葉県に応援派遣するという大規模な警備体制を敷いたのであった。

◆第一回成田空港警備出動◆

■部隊出発から成田空港到着まで

昭和五十三年（一九七八）三月二十四日午前五時三十分、竹内副官以下二百二名、車両十三台は須磨区妙法寺の機動隊舎を出発した。午前六時二十分甲子園球場前広場に到着し、管区機動隊・鈴鹿副官と合流。警察本部長に対し、部隊出発の申告を行った後、午前六時五十五分甲子園球場前を出発した。車列は、名神高速西宮ICを入り、一路成田空港をめざした。

途中の休憩場所としては

・黒丸PA（休憩のみ、昼食受領）
・多賀SA（特車六台給油、駐車車両多し）
・上郷SA（休憩、駐車場広し）
・浜名湖SA（休憩、給油、昼食）
・富士川SA（休憩）
・足柄SA（全車輌給油）
・海老名SA（夕食・休憩）

を通過して東京インターに至り、首都高速道路を経て京葉高速道経由で午後十時に予定通りに成田空港に到着した。高速道路の走行に当っては、沿線の各府県警及び警視庁のパトカーによる先導により無事に事故なく到着できたことに感謝している。

B地区の宿舎に着くと、一日早く先行していた青木隊長をはじめ、墻第一中隊長、中村第二中隊、時崎第三中隊長と合流し、明日からの兵庫部隊の任務についての打ち合わせを行い、午前〇時頃就寝した。

兵庫青木大隊幹部の面々
（空港玄関エリアにて）

■現地・一日目の活動状況

兵庫青木大隊は、午前中は空港外周の第五ゲートを中心とする地区の警戒に当った。

○横堀要塞周辺の検索

午後一時からは、過激派の闘争拠点である「横堀要塞」の周辺を検索することとなった。その理由は、横堀要塞の周辺の林の中に人の出入りする穴があると思われるので、兵庫・大阪（二個大隊）・京都の四個大隊合同で検索することとなったのである。兵庫大隊は要塞の西側を担当し検索に当った。

約二時間検索を実施したが、目的の穴は見つからなかった。他の部隊も同じ結果であった。

○横堀要塞の攻略

午後四時三十分、兵庫青木大隊は、過激派の拠点である「横堀要塞」攻略の支援部隊として、要塞の近くにある採石備蓄場に部隊を展開した。攻略は千葉県機動隊と警視庁機動隊が主体となり開始された。相手は鉄の先を尖らせた大型パチンコのような武器で射撃を加えて来た。これに対し機動隊は、催涙ガス弾の発射、放水車による放水、特車によるバリ攻撃、大型クレー車の使用などあらゆる方法で攻撃を加えた。この攻略の指揮は警察庁・若田警備課長が当たり、「翌朝までには要塞を落とす」と宣言されていた。しかし、なかなか要塞は落ちず持久戦になる様相を呈していた。したがって、我が大隊は、翌朝午前四時に一旦任務解除されたので、宿舎に帰り暫しの仮眠を摂ったのである。

この横堀要塞の攻略をなぜ急いだのか、その理由は以下のようであった。二十五日夜に予想していなかったことが起こった。先月五日から八日にかけての攻防戦で鉄塔が撤去

窓の無い鉄筋コンクリート４階建ての横堀要塞

された横堀要塞に、再び鉄塔が建ったのである。要塞はコンクリートで前よりも堅固に修復され、その上に十八メートルの鉄塔、要塞と合わせ二十四メートルの高さである。航空機の進入表面をはるかに超えている。これは要塞鉄塔に警備陣を引きつけ、手薄なところでゲリラに出る、という彼らの陽動作戦と見ていたが、しかし航空法違反の現行犯を放置するわけにはいかない。直ちに撤去に取りかかったのであった。

なお、後日のことであるが、我々が捜索した要塞の周辺の林の中に、要塞に通じる穴があったのである。要塞が攻略した時に、過激派が四～五十人この穴に隠れていたが、酸素欠乏のため死者を出すところであったと聞いている。

警備本部との無線交信中の部隊本部の様子

この穴が検索でなぜ発見されなかったかを見るため、後日、穴の入り口及び要塞の中を検分して見た。分かったことは、まず、穴の入口であるが、要塞から約二百メートル離れた林の中に直径五十センチほどの縦穴を掘り、三メートルほど降りた所から横穴を掘り進め、要塞の地下に通じていた。

次に要塞の中を検分してみて驚いた。四階建ての窓のないビルの中は、穴を掘った際に出た土砂がいっぱい詰まっていた。これは、穴は要塞の地下から掘り始め、先ほどの逆順で掘り進め、林の中の縦穴に至ったものであった。

この辺一帯は「関東ローム層」といって、石のない赤土で形成されているため、穴を手作業で掘ることは容易であったと推測されるのである。

■現地・二日目の活動状況

兵庫青木大隊は、午前六時三十分起床し、その日の警備命令を待った。

午前八時五十四分命令が来た「兵庫青木大隊は所定五〇五地点で、京都水口大隊と任務交代とする」とのことで、空港外周の第七ゲートを中心とした地域の警戒に当った。

○過激派ゲリラへの対応

午後一時十四分、無線による情報あり、「三里塚で行っていた反対同盟の集会が終了し、デモ行進に移ったが、そのうち過激派の千三百名ほどの集団が消えている。したがって、何処かにゲリラとして出没するかが不明である。各部隊は心して対応に当たれ」の内容を受信した。それと同時に我が部隊が展開している向かい側の「保安協会」の横手あたりの上空に警察ヘリが急降下してサイレンを鳴らした。その一分後には保安協会西側の畑の中に火炎びんを持った四〜五十人のゲリラ集団が現れた。

同時多発ゲリラの発生に対応する我が兵庫青木大隊

保安協会には、この少し前に我が部隊の一個中隊が入り、警戒に当たっていた。ゲリラはその保安協会めがけて火炎びん攻撃を仕掛けて来た。これに対し我が中隊は催涙ガス弾で防護していた。本隊とは少し離れているので、無線で確認しながら、本隊は放水車を先頭にゲリラに迫ったため、ゲリラ集団は林の中へ逃げたのである。部隊はこれを暫くは追いかけたが、青木隊長の判断で深追いはせず撤収したのであった。林の中の煙が治まってから、彼等が逃げた先を見透かして見てみると、ヘルメットを被ったゲリラ集団・赤ヘル（二百人）、白ヘル（二百人）、その他の色ヘル（二百人）の合計約六百

保安協会に火炎びんで攻撃をかける過激派ゲリラ集団とこれに応戦する我が機動隊員

人がじっと潜んでいるのが見えたのである。後で分かったことであるが、最初に保安協会に攻撃を仕掛けて来たのは少数のゲリラ隊であったことから、これらをおとりにして、部隊を林の中に誘い込み、集団で襲撃しようと企んでいたと思われるふしがある。勢いにまかせて深追いをしていたら、思わぬ重大な結果を招いていたかも知れないのである。部隊の撤収は正しい判断であったと信じている。

○空港管制塔襲撃事件発生

保安協会横の林から撤収してきた我が部隊は、本来の持ち場である空港第七ゲート付近で警戒を続けていたが、空港管制塔の上空を数機のヘリが飛び廻り、しかも管制塔の最上階から紙吹雪のようなものがまかれているという異様な情景が目に入るとともに、同時に無線で「管制塔が過激派に襲撃され、管制室の器具が破壊された」旨の交信が流れていた。

ここで、管制塔襲撃の状況を概ね正確に描写していると思われる、東京新聞千葉支局の記者が書いた文章を引用すると次のようである。

「二十六日の朝がきた。抜けるような北総の空、要さいの周りの木々では小鳥がさえずり、春の穏やかな日ざしに、機動隊員もタテのかげでウツラウツラ、時折り火炎びんとガス弾が思い出したように飛び交う要さい周辺であった。

三里塚第一公園の〝二万人集会〟は、午後零時半から始まった。主催者発表二万五千人、警備側は八千人とふんだ。第四インターの姿が見えないのが無気味である。突然司会者がマイクをとった。「ただいま、空港の管理棟に同志が突入、闘っています」。静かな声だった。

しかし、空港の心臓部は大混乱に陥っていた。何がなんだかわからなかった。「おれの車が燃える！」。管理棟三階の記者クラブから下を見ていた若い記者が悲鳴をあげた。下は火の海である。その中を火炎びんを投げながら、赤ヘル数人が管理棟に走り込んだ。赤ヘルは、ちょうど開いていたエレベーターに十人が飛び乗った。十数分後、十六階の管制塔から管制官の「警察ヘリ、警察ヘリ、こちらナリタタワー。管制塔が襲われています」の緊急通信が、航空無線で流れ、そのままプッツリ切れた。ほどなく地上六十メートルの窓から「戦旗先鋒隊」「プロ青」「インター」の赤いたれ幕が下がった。

　管制塔内では手当たり次第の破壊が進行していた。十人の赤ヘルは、十四階のベランダからパラボラアンテナをよじ登り、管制塔のテラスに出て、外からガラスを打ち破って塔内に入った。五人の管制官は屋上へ逃れ、ヘリコプターで救助された。あとでわかったことだが、このとき七人の機動隊員らが、赤ヘルよりも早くテラスに取りついていた。しかし反対側にいたため事態がわからず、そのまま降りてしまった。この七人が活躍しておれば、あるいは、管制塔の破壊は軽微ですんだかもしれない。

過激派に襲撃された成田空港の管制塔（開港前の3月26日）

　テレビニュースが管制塔内でハンマーを振り、破ったガラス窓から重要書類を空中にまき散らす過激派の姿を、映画のように映し出す。北総の青空にハラハラと舞う白い紙吹雪は、勝利の宣言か、汚辱の散華か、機動隊員や新聞記者たちが空を見上げているうち、こんどは管理棟に一番近い第八―2ゲートが破られた。約三百人を乗せた二台のトラックが、火炎びんを投げながら進撃してくる。すぐそばが空港署、制服の署員がこれに応戦。空港心臓部は炎と煙に包まれ、完全に戦場と化した。

　結局、浸入した過激派は、かけつけた機動隊に逮捕されるか、追い払われ、管制塔内の十人もガス弾を打ち込まれて逮捕されるのだが、二時間にわたる管制塔の占拠と破壊で、「三月三十日開港」は、いっぺんに吹っ飛んだのである。

　警備本部が調べたところ、管制塔を襲撃した約二十人のグループは、管制棟すぐ裏の京成空港駅に近いマンホールから飛び出してきたのだった。空港外の下水口から入り、下水管内を通ってきたのだ。中を調べると、前日あたりから潜り込んでいたらしく、生活用品が散らばっていた。過激派は早くからこの襲撃を計画、時間を合わせて三グループが一斉突入に成功したのであった。」

管制塔の使用不能は、政府にも大きな衝撃を与えた。開港は延期せざるを得なくなった。延期による混乱や損失もさることながら、政府の信用は地に落ち、国際的信用は台無しである。管制塔の修復は四月半ばまでには可能だが、過激派の存在がいまのままで、安全な空港運営ができるかどうか、の問題があるからであった。そして、政府は四月四日の閣議で五月二十日の開港を決めたのであった。

■現地・三日目以降の活動状況

○三月二十七日（月）晴れ

非番のため、B地区宿舎において待機した。久しぶりに宿舎脇に設置された仮設風呂に入ることができた。その日は緊急出動もなく、兵庫県出発から昨日までは仮眠時間も少なく隊員は疲労が重なっていたと思われ、一日の休みでゆっくり心身を休めることができ、疲れも取れて明日からの活動に気が漲って来たものと思われる。

○三月二十八日（火）雨

午前七時五十八分、現地到着。京都水口大隊と任務交代し、空港外周道路・第五〜七ゲート付近の遊撃隊として部隊配置を行う。各中隊はエリア要点の七か所に触角配置を付け警戒に当った。

午後十時十七分、動物検疫所北側でゲリラ発生の受信。警備命令もあり現地に向かい検索にあたったが、ゲリラの姿なく、結局誤報と分かり、午後十時三十五分、元の配置場所へ引き揚げた。

午前一時十分、日航ホテルに火炎びんゲリラの情報受理。午前一時十三分出動準備完了し、所定位置で検問したり、また、付近の検索を実施したが、異常なく午前二時五十五分には元の位置に引き揚げた。その後も異常なく、午前八時三十分には京都水口大隊と任務交代し、Ｂ地区宿舎に帰った。

○三月二十九日（水）

Ｂ地区宿舎で非番のため待機とする。

○三月三十日（木）晴れ

午前七時四十分宿舎出発、八時には第五～七ゲート付近の警戒に当たる。うち、二個中隊は不審車輛の検問に当たる。

宿舎横の仮設風呂で順番待ちをする機動隊員たち

午前九時からＢ地区会議場において戦術会議が開かれ、隊長及び副官が出席して打ち合わせを行った。過激派は「三、三〇に最後のとどめを」といきまき、大集会を計画していたが、二十九日に反対同盟実行委員会を開き中止を決定した。したがって、中止の連絡がつかないところがあるので、多少は集まって来るだろう。また、前回（管制塔襲撃の時）は、第四インターに先を越されたとの認識に立つ中核、革労協は何かやらないと収まらない。という情勢で油断はならない。

また、一部に爆弾使用の動きが窺え、燃料輸送車や給油タンクなどの攻撃の恐れがあり、各ゲートの弱いところを狙って場内に突入する動きがある。各部隊は本来の任務外の事態にも気を配り、目前急迫の事態については独断専行で対処すること。で意思統一を図った。

この際、過激派のヘルメットの識別について認識しておこう。

・白ヘル＝革マル・中核

・赤ヘル＝共産同全部（赤軍・戦旗派・紅旗等）第四インター・構革系（プロ青同・赤色戦線）

・青ヘル＝革労協

・黒ヘル＝全学共闘など学生組織に多い

・緑ヘル＝構革系・フロント
・黄緑ヘル＝沖青委（構革系）

その後、部隊は所定場所で検問を実施したが、散発的にゲリラ情報があり、これに対処するも、大した事態に至らず、午後十時三十分検問を打ち切り、待機態勢に移った。

翌朝午前八時三十分、京都水口大隊に任務を引き継いだ。

○三月三十一日から四月二日までは、非番待機と警戒活動を繰り返しながら経過したが、特筆すべき問題はなかった。その間、我が大隊の帰県日程が四月三日と決定したのである。

思えば、この度の出動でのヤマ場は何と言っても三月二十六日のゲリラ活動に対処したことであり、管制塔襲撃事件で空港の開港を延期せざるを得なかったことで、痛恨の極みであった。

しかし、冷静に考えてみれば開港前で良かったと思うのである。過激派を一時押さえこんで開港できたとして、勢力が衰えていない過激派が開港後も執拗に攻撃を加えて来ることが想定されるのである。若し開港後に空港の心臓部に大打撃を受けるようなことになれば、開港を一時延期したときの混乱や損害や国際的信用よりも遥かに上回るものとなるであろう。ここは一旦曳いてから盤石の体制を整えて当るのが賢明と言うべきであろう。すなわち、「戦術に負けても戦略で勝つ」ことになると思うのである。

任務を終え部隊を一時撤収する我が兵庫青木大隊

○**帰県日の状況**

四月三日は午前二時半に起床し、三時五十分空港を出発した。車列を整えて往路の逆順で走行し、午後四時半、機動隊舎に到着した。隊員全員の怪我も病気もなく無事に任務を果たし帰れたことは何よりであった。

○第一回成田出動の反省と対策

この度の成田出動時の問題点を洗い出し、その対策を推進した。

・無線による通話技術の向上

無線通話が関東部隊の歯切れのよい簡明さに比べると、やや、見劣りがした。無線通話は部隊の顔である。その出来不出来がその部隊の印象を左右すると言っても過言ではない。したがって、各部隊の伝令を集め、通信指令課の指導も借りて一週間の特訓を行った。結果、無線通話技術は飛躍的に向上したのであった。

・放水車操作要領の習得

空港警備の現地・保安協会横の火炎びんゲリラに対抗するために、放水車を先頭に向かったが、実戦では初めての体験であったので、スムーズには行かなかった。これを教訓にして、より実戦的な操作訓練を行う必要があった。

このため、中隊訓練などに放水車を帯同させた警備訓練を反復実施した。

・ガス銃による催涙ガス弾発射訓練の技術向上

ガス銃による催涙ガスの使用は、過去には大学の封鎖解除や過激派デモによる道路封鎖など、多くの場合に経験してきたところである。ただ、成田警備の時に思ったことであるが、警戒区域が広くしかも丘陵地で竹藪や畑が混在しており、ゲリラ側に都合のよい現場であることで、催涙ガスの有効使用は極めて重要である。改めてガス筒投てき訓練を含む催涙ガス銃発射訓練を実施し、その錬度を向上させた。

・大楯（大型防護楯）訓練の強化

成田の現地では、火炎びんや竹槍、角材などでの部隊への攻撃が、今後も十分予想されるところである。

したがって、防護が主動である警備部隊にとっての大楯操法の訓練は、部隊を護り、身を守るための重要な手立てである。各部隊は、常に実戦を想定した訓練を行うこととした。

◆第二回成田空港警備出動◆

■機動隊出発から成田空港到着まで

昭和五十三年四月三十日（日）晴れ、青木隊長以下二百五名は午前九時零分、警備課長の見送りを受け出発した。

帯同車両は、輸送バス七台、指揮官車一台、遊撃放水車一台、警備車一台、キッチンカー一台の合計十三台で、途中、多賀SA（一部車両のみ給油）～浜名湖SA（全車給油）～海老名SA（全車給油）で休憩・昼食を摂りながら、午後九時三十分予定通り成田空港に到着。B地区二十五棟に入った。（入所区分は、隊本部及び第三中隊は二階、第一・二中隊は一階）

■現地・一日目の活動状況

午前七時起床、八時中隊長以上は部隊配置場所の実地踏査を行う。

午前九時三十分全隊現場配置完了。

①第三中隊は、一警戒区＝第九ゲート・第一ゲートの北ローカライザー、ミドルマーカー及びインナマーカー並びに区域内のマンホール。

②第二中隊は、二警戒区＝第二ゲート、グライドパス及び第一・二受信所、ボルデメ、監視用レーダー。動検ゲート及び区域内のマンホール。

③第一中隊は、三警戒区＝給油センター、第一・二送信所、グライドパス、第三ゲート、南ローカライザー及び第四ゲート並びに区域内のマンホール。

翌朝任務交代時まで特異事案はなかった。

■現地・二日目の活動状況

午前八時三十分、京都水口大隊と任務交代、部隊は非番のため、B地区において待機とした。

本日は浅沼清太郎警察庁長官の現地視察があり、第一ゲートにおいて、京都水口大隊長と兵庫

浅沼清太郎警察庁長官の現地視察(申告する兵庫青木大隊長及び京都水口大隊長)

青木大隊長が挨拶を行い、長官から激励を賜った。なお、青木隊長には、竹内、大島、出射、岡村、村上の五名が随行した。

■現地・三日目以降の活動状況

三日目以降は、当番・非番の繰り返しで、警戒区域も同じで推移した。その間散発的なゲリラ情報があったが、大事に至らず、特筆すべき事案の発生は見られなかった。

三・二六事件に見られるような、過激派ゲリラの空港内への侵入を防ぐため、空港の周囲約十三キロにわたり、センサーの付いたフェンスを張り巡らす工事を行った。全国から集めた電気工事業者による突貫工事であった。これにより、不法侵入者がフェンスに触れた場合は、警備本部のモニターに繋がり、直ちに警戒部隊に連絡が来る、という仕組みになってはいるが、鳥や猫などが触れてもセンサーが感知するので誤報が多く見られた。それでもゲリラなどの侵入防止については効果が期待される。

五月十三日には、警察庁浅沼清太郎長官が現地視察の折、部隊幹部に対し訓示されたが、その内容は次のようであった。

「今回の開港警備にあたっては、警察の持てる力を出し尽くし、力と智恵の限りをつくし、開港が安全にできるよう努力されたい。

警備の指揮は、中村千葉県本部長であり、千葉県があくまでも警備の主体である。

三・二六事件のときにも最善をつくしたことは疑いはないと思っている。マスコミの批判もあったが、これはこれとして謙虚に反省もし、教訓としてとり入れなければならない。

開港警備については警察庁もこれに協力しているし、全国の警察からの支援もある。また、施設の防護についても関係機関に申し入れを行い改善されつつある。

中村本部長を中心として思う存分やってほしい。すべての責任は長官が負う。

隊員の士気の高揚について、三・二六事件において隊員の中に失意、意気消沈ということがないよう、失意泰然の気概を持つよう隊員の気力をふるい立たせてもらいたい。

周到なる警備、満々たる自信のもとに今回の警備にあたってもらいたい。

ここで二つのことについて考えてみたい。

兵庫県警中根警務部長の激励慰問を受ける

その一つは、極左ゲリラについてであるが、彼らの行動は許されない暴挙であると云える。国会質問の中でも暴力団は許しがたい。極左は動機、目的においてうなずけるものがあるとの意見もあったが、治安の癌は極左と暴力団である。法治国家として許すことができないものである旨を答弁した。

警察の力だけでは取り締まれないのではないが、国民の理解がなければならない。

話し合いの動きがあるが、極左は、あくまでも革命的にこの反対闘争を利用しようとしているにすぎないことを忘れてはならない。

その二つは、空港は日本の国にとって不可欠のものであることを十分認識すること。空港開港の必要性の広報を政府等に働きかけている。

次に情勢と見透しについてであるが、五月に入り一連の事件を起こしながら、闘争の盛り上げを図っている、共同闘争戦術、同時多発ゲリラ、新立法に対する報復等、十八日～二十二日連続闘争を組み、あらゆる手段で開港を阻止することを広言している。

一方開港後の安全については、一般客にまぎれゲリラ活動も考えられる。ことに中核、革労協の対抗意識を高めている。

情報、捜査の先制攻撃により優位に転じる。しかし、情勢は流動的であるので勝負はこれから……そういう意味において情勢判断が必要となる。

次に警備体制の基本である。

①開港が目的である

②けが人を出さない

（警備についての考え方）

警備に百点満点はない。すべてをやろうとしても無理である。しかし、絶対に守らなければならないところは万全をつくす。今回の警備も多正面作戦となるが、お互いに大局判断を誤りなく警備に当たる。

前回の教訓を生かして

・隣接部隊間の連携、協同行動を

・後方治安について万全を期す。

・重防の防護措置が強化されている。

（新立法について）

危険拠点、直接防護の拠点を重点として、運輸省と協力しながらやってゆく。本法の警備上の影響が大きい。それ以上に彼らの心理的打撃が大きい。

警察の責務の根本は国民を守ること。国民の理解と支援がなければ、それを全うすることはできない。国民の大部分は警察に大きな期待をもっていると考えている。全国民が開港警備を見守っている。この二十日間マスコミ等の批判、非難があるに、これを行動によって示さなければならない。失敗は許されないといって決して思いつめることはない。「人事をつくして天命を待つ」。結果は天命として与えられるものである。全智全能を出しつくして事にあたるだけである。何事かならざらんやである。自信から生れる余裕を持って警備に当たれ！　以上」

○帰県日の状況

五月十五日午前四時空港出発（出発時に食事二

回分を受領）。途中、海老名ＳＡ（全車給油・休憩）～多賀ＳＡ（一部給油・休憩）～吹田ＳＡ（全車給油・休憩）～午後三時二十分機動隊着。警備部長の出迎えを受け、慰労の言葉を賜った。

◆第三回成田空港警備出動◆

■機動隊出発から成田空港到着まで

昭和五十三年六月十九日（月）午前九時、警備課長の見送りを受け、青木隊長以下百九十三名は機動隊を出発した。

宿舎Ａ地区とその周辺の様子

途中、多賀ＳＡ～浜名湖ＳＡ～海老名ＳＡ～足柄ＳＡ～首都高速道～京葉高速道を経て、午後九時二十分成田空港に到着した。

Ａ地区の十七棟・十八棟に入り、警備本部の木川警部から、明日からの任務についての説明があった。それによると、①土屋ヤード　②佐倉ボルデメ　③荒海アウタマーカー　三か所の警戒配置の予定である。

■現地での活動状況

○六月二十日午前七時起床、午前九時から午前十一時五十分の間、成田署林警備課長の案内で配置か所である、土屋ヤード・荒海アウタマーカー・佐倉ボルデメの三か所の実地踏査を行った。

○警察庁山本鎮彦新長官の視察があり、午後零時半からＢ地区会議場において訓示が行われた。青木隊長、副官及び各中隊長が出席した。

○当部隊を二分割して、当番・非番の一昼夜交替制とした。第一中隊（中村・原田Ｃ長）九十八名、第二中隊（墻Ｃ長）九十名とした。

○塩井久数警備課長来成

六月二十二日午前八時三十五分、兵庫県警警備課長塩井久数氏（随行・藤原係長）が部隊激励のため、成田空港へ来られた。部隊の配置か所など空港の重要個所等を案内して説明を行った。

視察先は、A地区宿舎～5G前線指揮所～岩山要塞から千代田農協～保安協会～4G～3G～三里塚公園～戸村一作邸～桜川交差点～土屋ヤード～成田山新勝寺～9G～B地区～8の2G～7G～横堀要塞、であった。

なお、余談であるが、塩井課長は大阪市西成区で起きた釜ヶ崎暴動事件の際、機動隊の中隊長で、私は中隊伝令を勤めさせていただいたのであった。

○七・二三里塚公園一万人集会・デモ警備

反対同盟では、六月五日～九月十二日の間、百日闘争を宣言して七月二日に三里塚第一公園において大規模の集会・デモを行うとしている。この際、空港包囲突入占拠を広言している。したがって、電気・水道・ガス等市民生活に直接影響を及ぼす事案も予想される。その意味において七月二日が一つの山場である。

三里塚第一公園の様子

六月三十日、B地区会議棟において、警察庁警備局長から指示がなされた。

開港後は一応平穏に推移しているが、多数の散発的ゲリラが発生している。七・二警備は重要な地固めとなる意味において重要である。以下の諸点に留意して目的達成に努めてほしい。

（一）七・二の意義づけ、重要性を認識せよ。過去の永い苦労の積み重ねで開港した空港を何としても守り抜くという意味で五・二〇開港警備以上に重要である。

（二）士気の高揚

暑いさ中の警備であり、健康管理に十分な注意をすること。警備の峠は越えているという安易感をなくし、気持のひきしめをすること。

（三）情報活動

五・二〇の闘争は失敗との彼らの認識をもっている。七・二〇には、この失敗を取り返すといっている。裏をかかれないように情報収集活動を強化、現地においても情報との結びつきに配慮するように。

（四）警備上の措置要領、特に装備資機材の活用・けん銃の使用、徹底的な検挙活動について隊員の末端にまで徹底すること。　以上

（事前の情勢把握と対応策）

情勢としては、三里塚第一公園には、午後零時に集会を始め、午後三時にはデモ行進を開始する。

届出人員数は一万名であるが、見込みは約八千名である。八千名の内訳は、極左五千名（中核千五百、第四インター千、革労協七百、共産同各派五百、その他千三百）。極左以外のその他三千名。

これに対する作戦は、

①二Gに対する攻撃対策として、兵庫青木大隊は受援部隊となり、支援部隊として、三Gから関東中村大隊、状況により愛知田中大隊、九Gから中部上条大隊が当る。

②動Gに対する攻撃対策として、我が部隊は二G外から支援を行う。

③三Gに対する攻撃対策として、受援の関東中村大隊に対する支援部隊として、我が青木大隊は、千葉喜多見大隊とともにこれに当る。

④小見川線に対する攻撃対策として、我が青木大隊は、中部上条大隊とともに支援活動に当る。

⑤京成線に対する攻撃対策として、我が青木大隊は、中部上条大隊とともに支援活動を行う。

（七・二当日の状況）

三里塚第一公園には、午前十時、約五千二百名（中核千百、第四インター四百五十など）が集まった。

一方、九ゲートにおいて中部上条大隊警備車にトラックが突入し炎上した。

我が青木大隊は、警備本部命令により、十の一地点、小見川線で検問を実施した。

部隊編成は正規の三個中隊編成とした。千葉県秋葉幕僚の案内で、第一・二中隊が一G前の山林内の山狩りを実施した。

配置現場の確認を行う青木隊長と大隊本部員

三里塚交差点では警視庁機動隊が過激派四十四名を公務執行妨害等で検挙した。

結局、デモ行進は実施しなかった。この度は警察側の盤石の体制が功を奏したと云える。ともかく、今回出動の最大のヤマ場を越したと云えるのである。

■任務終了・帰県日の状況

午前一時半、先発隊の特車三台（遊撃放水車・警備車・投光車）が空港を出発した。

午前三時十分A地区宿舎を出発（朝食のみ受領）。

途中、海老名SA（一部のみ給油）～浜名湖SA（全車給油）～多賀SA（休憩・昼食受領）～吹田SA（全車給油）～午後一時五十分帰隊す。

◆第四回成田空港警備出動◆

■出発から成田空港まで

午前九時、横田大隊長以下百八十三名は機動隊舎を出発した。なお、先発隊として、特車四台（遊撃放水車・警備車・投光車・キッチンカー）要員十名が午前八時に先行した。

途中、上郷SA（休憩）～浜名湖SA（全車給

油）～富士川ＳＡ（休憩）～海老名ＳＡ（全車給油・夕食受領）～海老名から東京ＩＣまで十五キロ渋滞していた。成田空港到着は、午後九時五十分であった。直ちにＢ宿舎十七棟及び十八棟に入り、午後十一時から小隊長以上の戦術会議を行った後、午前零時、消灯した。

■現地での活動状況

○部隊が到着した翌日から帰県する九月一日までの間、全ての配置個所は「土屋ヤード」であった。

部隊を二分割して当番・非番の繰り返しにより警戒任務を遂行したのである。

「土屋ヤード」とは、航空機燃料暫定輸送基地のことで、成田空港の重要防護対象の一つである。

現在の成田空港は、千葉港から約五十キロにも及ぶパイプラインを埋設することで、乗り入れる航空機に使用するのに十分なジェット燃料を、迅速かつ安全に輸送できるようにしている。

実はこのパイプラインによる燃料輸送の計画は、当初からあったが、諸事情から開港には間に合わなかったので、急遽かわりの航空燃料輸送方法を準備することとなったのである。そこで当座の輸送案として、成田空港近くまで燃料を鉄道で輸送し、そこから暫定パイプラインで空港内まで輸送する方法を設定した。この燃料暫定輸送基地に、それまで空港建設用に整備していた市内の土屋地区にある資材置き場を使用することとなった。これが「土屋ヤード」である。

○道交法違反（酒酔い運転）被疑者の検挙

八月二十四日午後十時二十分ごろ、第五小隊・立川光男分隊長が、千葉県印旛郡居住の会社員（三十一歳）を、道交法違反（酒酔い運転）で現行犯逮捕し、成田警察署に引き継いだ。

○環境庁長官及び大蔵省主計局長の現地視察

八月二十八日に山田環境庁長官が来成し、土屋ヤードなども視察した。

八月二十九日、大蔵省主計局長が来成し、土屋ヤードにも来られる予定であったが、結局立ち寄られなかった。

■帰県時の状況

九月一日（金）兵庫横田大隊は、午前二時四十分成田空港を出発し、帰路に着いた。

途中、多賀SA～黒丸PA間の四三一ポイントで、帯同していた多重無線車が故障、クランクシャフト折損のため走行不能となったので、栗東ICで業者に預けた。

午後三時二十五分部隊は無事に帰隊した。

◆第五回成田空港警備出動◆

■機動隊出発から成田空港到着まで

昭和五十三年九月十二日、午前八時四十五分青木大隊長以下百九十七名は機動隊を出発した。

午前十一時十分多賀SAに到着。今回は青木大隊に編入される、滋賀県機動隊（滋賀小隊）三十四名、奈良県機動隊（奈良小隊）三十五名、和歌山県機動隊（和歌山小隊）三十六名の合計百五名・車両六台が合流した。

午前十一時二十五分多賀SA発～上郷SA～浜名湖SA～富士川SA～海老名SA～成田空港着午後八時五十七分。宿舎B―十八に兵庫部隊が、B―一に滋賀・奈良・和歌山の部隊が入った。

■現地での活動状況

今回の現地での我が兵庫部隊の活動は、
①横芝アウタマーカー（山武郡横芝町所在）
②銚子ボルタック（銚子市所在）
の重要防護対象の警戒警備が主要な任務であった。

千葉県銚子警察署にて
（大島・竹内）

「アウタマーカー」とは、飛行場の滑走路端から七キロメートルの地点に設置される飛行機の計器着陸装置のことで、地上から電波が発射され、機上の受信機がこれを受けるとランプがついて直上通過を知り、滑走路までの距離が分る仕組みになっている施設である。

「ボルタック」とは、航行中の航空機に正確な方位の情報を与えるＶＯＲ（超短波全方向式無線方式）をいう。

警戒勤務は部隊を二分して、それぞれ当番・非番の交替勤務により行った。

九十九里浜に立ち寄り
（青木隊長・竹内副官・大島係長）

青木大隊長以下四名（竹内、大島、村上）の大隊本部員で、銚子ボルタックを訪れ、警戒状況をチェックするとともに隊員を激励した。この時、銚子警察署に立ち寄り、署長に警戒状況等を報告した際、署長室で昼食を頂いたが、部屋にはハエが多く飛んでいて、署長がハエ叩きでハエを叩きながら、食事を頂いたことが強く印象に残っている。

九月十五日、横芝アウタマーカーで警戒中の横山分隊長と松岡隊員が、銃刀法違反（模造けん銃不法所持）容疑被疑者（二十五歳・男）を検挙（不拘束）し成東署に引き継いだ。

■帰県日の状況

昭和五十三年九月二十日（水）、午前二時四十分、兵庫大隊百九十七名、滋賀・奈良・和歌山部隊百五名合計三百二名が成田空港を出発した。途中、鬼高ＩＣを経由して多賀ＳＡに至る。ここで他県部隊とは解散した。午前十一時四十分吹田ＳＡを通過して、午後零時五十五分、警備課長の出迎えを受け機動隊舎に到着した。

◆第六回成田国際空港警備出動◆

■部隊出発から成田空港到着まで

昭和五十四年二月二日（金）青木大隊長以下百五十五名は、警備課長の見送りを受け、午前九時に機動隊舎を出発した。途中、多賀ＳＡ（休憩・昼食受領）～上郷ＳＡ（休憩）～浜名湖ＳＡ（全車給油・休憩）～富士川ＳＡ（休憩）海老名ＳＡ（全車給油・休憩）～午後八時五十分成田空港到着。

警備本部に指揮伺い、海老江警部から情勢についての説明があった。以下のとおりである。

現地では百五十名ほどが情宣活動を中心にビラまきを行っている。

団結小屋として、キリスト教会派の横堀要塞と中核派の木の根要塞に増設の動きはあるが、昨年暮れからはゲリラ等の事案は見られない。今は三・二五一万人集会に向け全力で取り組むと豪語している。

したがって、我が方としては、従来通りの体制でこれに臨む方針である。

■現地での活動状況

二月三日（土）午前七時起床し、初日の勤務に着いた。警戒配置個所は次のとおりであった。

①第二方面区として、
・北側ローカライザー
・北側ミドルマーカー
・京成空港線西側入口
・第二ゲート
など九か所

②第二方面区として、
・動検ゲート
・給水センター西側高所
・給油センター正面
・第三ゲート
など十一か所

③第三方面区として、
・第四ゲート
・A地区横高所
・木の根対面高所

警戒要点の動物検疫ゲート

・空警隊屋上
など九か所
この配置個所に対し、京都水口大隊と当番・非番交替で警戒活動を行った。
○二月五日は非番であったが、青木大隊長及び竹内副官は、警備本部へ行き、当面の警備について打ち合わせを行った。その内容は概ね次のようであった。
横堀要塞の返還手続きに伴う情勢がかなりひっ迫する恐れがある。返還手続きの方法や新法の適

前線指揮所にて

用による要塞の使用禁止命令等に反発する反対同盟の反発先は、警察であり、運輸省（公団）である。したがって、当面はゲリラが予想されるところである。
これに対する当方の措置としては、警戒活動を強化することとし、
・検問を強化すること
・ゲリラ発生に備え監視強化を図ること
・待機部隊による遊撃部隊の編成を行う
のほか、阻止車の活用、配備の検討、運転要員の常時配備などが指示された。
○二月六日（火）午前二時二十四分、京都部隊勤務時に新五ゲートで、ゲリラが発生した。キャブオーバーホロ付き小型貨物車（五、六人乗車）が火炎びん七、八本を投てきして来た。また、ゲリラは逃走の際、「撒き菱」や火炎びんを投てきしながら、千代田農協前から多湖方面に逃走した。この襲撃による被害は、ガードマンボックスが火炎で焦げ、ガードマンの頭髪とズボンの下部が焦げる

被害があった。なお、火炎びんは即発性であった。
これを受けて青木大隊長は、部隊に対し次のような指示をおこなった。

・午後十時から三時間は完全防護で待機すること
・監視塔は三名勤務とし、双眼鏡を使用すること
・ホロ付きトラックには十分注意すること
・深追いはせず、ナンバー、人着の確認に努めること

○二月七日（水）午後七時頃、京都水口大隊の勤務時に第二ゲートに火炎車が突入したが未遂に終わった。突入車はその場で炎上した。
その後も散発的にゲリラ事案はあるものの、大きな事案には至らなかった。

■帰県日の状況

昭和五十四年二月十日（土）午前三時、兵庫青木大隊一五七名は、成田空港を出発した。途中鬼高ＰＡを経て、京葉高速道～首都高速道～東名高速・足柄ＳＡ（多重無線車給油・休憩）～浜名湖ＳＡ（全車給油・休憩）～多賀ＳＡ（昼食受領・休憩）～吹田ＳＡ（全車給油。休憩）～午前零時四十五分機動隊舎に到着した。

青木大隊長は、機動隊長としての最後の成田空港警備出動であった。

◆第七回成田空港警備出動◆

■部隊出発から成田空港到着まで

昭和五十四年三月十二日午前九時、兵庫横田大隊長以下百九十八名は、機動隊を出発した。途中、多賀ＳＡで和歌山・山田小隊（三十五名）と合流～上郷ＳＡ（休憩）～浜名湖ＳＡ（（全車給油・休憩）～富士川ＳＡ（休憩）～海老名ＳＡ（全車給油・夕食受領）～首都高速道～京葉高速道～午後九時三十分成田空港に到着し、Ｂ地区宿舎に入った。

■現地での活動状況

三月十三日、午前七時起床、九時三十分から警戒配置個所の実地踏査を行った。担当区域は前回

要点に設置された高所監視所

の出動時と同じ、第二方面・第三方面・第四方面と土屋ヤードであった。土屋ヤードは和歌山小隊とし、二〜四方面は兵庫部隊が受け持つこととした。

勤務は当番・非番を、京都水口大隊と繰り返し当ることとなった。

現地での活動中の主な出来事は次のとおりであった。

○警備本部よりの情報あり

（その一）

木の根地区の反帝、労学連、フロントの団結小屋について、穴を掘っているとの情報があるので、団結小屋に対する出入りを確認すること。なお、これを記録し小隊長名で翌朝警備本部に提出されたい。

（その二）

千代田農協の監視について、次の指示があった。

・消灯時間を即報せよ。

・帰る車の状況を報告せよ

○火炎びん訓練の見学

三月十五日、B地区訓練場において火炎びん訓練が実施されたので、小隊長以上がこれを見学した。結果は次のとおりであり、参考となった。

・火炎びんが投てきされた瞬間によける訓練

・炎の中を駆け足でとおり抜ける訓練

・ほとんど火は衣服に着火しなかった。

○警察庁長官の空港視察

三月十六日、山本警察庁長官の空港視察があり、午後三時三十分からA隊舎第一教場において中隊長以上に対し訓示があったので、これを聴講した。

○兵庫県警人事異動の連絡あり

兵庫県警春の定期異動の内示があったが、関係分は次のとおりである。

・神戸北署長・青木重次（機動隊長）
・機動隊長・中尾一延（八鹿署長）
・甲子園署長・塩井久数（警備課長）
・警備課長・金井俊員（洲本署長）

○成田空港外でのゲリラ発生の報あり

・三月十八日午後九時三十分頃、佐倉署管内・吉岡駐在所が全焼した。時限発火装置による放火と見られる。
・茨城県下の守谷、阿見の空港表示灯の電話回線が切断された。

との事案が発生したので厳重なる警戒をせよとの指示があった。

その後は、帰任日までの間特異な事案の発生はなかった。

■帰県日の状況

昭和五十四年三月二十一日、我が兵庫横田大隊は午前三時三十分成田空港を出発し帰路に着いた。途中、京葉高速道～首都高速道を経て、足柄SA（一部給油・休憩）～浜名湖SA（全車給油・休憩）～多賀SA（和歌山小隊離隊）～吹田SA（全車給油・休憩）～午後二時五十分機動隊に到着した。

◆第八回成田空港警備出動◆

■出発から空港到着まで

昭和五十四年三月二十七日兵庫中尾大隊長以下百九十二名は午前九時機動隊舎を出発した。今回から春の人事異動で機動隊長となられた中尾一延警視が兵庫大隊の指揮を執られることとなった。

部隊車両の走行経路はこれまでと同様に、多賀

ＳＡ（和歌山小隊三十五名・滋賀小隊三十六名・奈良小隊三十一名合計百二名と合流）～上郷ＳＡ（休憩）～浜名湖ＳＡ（休憩）～海老名ＳＡ（全車給油・休憩）後、横浜市緑区東名高速上り一八・五ポイントで車両事故が発生した。当部隊のマイクロバスが故障、路肩に止めて修理していた。その後続の多重無線車に東京都世田谷区居住の調理師（二十一歳男）が乗用車で追突したもので、多重車に乗車中の隊員一名が腰部座傷の傷害を負ったものである。

途中のハプニングもあったが、部隊は午後十時成田空港に到着した。

■現地での活動状況

兵庫中尾大隊の警戒区域は、

○第二方面

・五社企業体裏
・旧工事局裏
・北側ローカライザー
・北側ミドルマーカー
・北側インナマーカー
など九個所

○第三方面

・滞水池
・動検ゲート北端
・給油センター
・第三ゲート
・南ローカライザー
など十一個所

○第四方面

・第四ゲート
・Ａ地区横高所
・旧第五ゲート高所
・木の根対面高所
・工事局入口
など九個所

部隊を甲・乙番に分け交替勤務とし、三月二十八日朝、関東斎藤大隊から任務を引き継いだ。

任務終了までの間、四月三日に警備本部より警戒強化の指示が来た。内容は、「公団の農薬散布に

成田空港を飛び立つ航空機の雄姿

対する抗議事案があり、ゲリラ等が予想されるので警戒を強化すること」であったので、午後十時～午前二時の間は即応体制で待機したが、特異事案の発生はなかった。

成田出動の最初で最後となった中尾一延機動隊長

■帰県日の状況

昭和五十四年四月七日、兵庫中尾大隊は、和歌山・滋賀・奈良各小隊とともに、午前三時三十分成田空港を出発した。京葉高速道～首都高速道を経て、足柄ＳＡ（全車給油・休憩）～浜名湖ＳＡ（休憩）～多賀ＳＡ（滋賀・奈良・和歌山各小隊は離隊）～吹田ＳＡ（全車給油・休憩）～午後二時十分機動隊舎に到着した。

この出動を最後に、機動隊からの成田空港警備出動はなくなった。理由は新たに空港警備隊が発足し、空港警備体制が充足されたのであって、兵庫県からも警部以下の隊員が出向している。なお、管区機動隊は、その後も成田空港警備出動を続けている。

最後に、成田空港警備について書き残したことがあるので、それを記しておきたい。

（その一）

成田空港開港日・五月二十日の開港警備に付けなかったことで、一番機の離発着という歴史的瞬間に立ち会えなかったことである。

毎年、神戸市で行われる「神戸まつり」が五月二十日前後で、暴走族の警戒のため県警挙げての警備が必要であった。二年前の神戸まつりでは、暴走族と野次馬が一体となって暴れまくり、死傷者が出るという最悪の事案が発生している。以降、毎年最大級の警備体制で臨んできた、という事情があり、その間兵庫県警は成田警備を外して貫っていたという事情があったのである。

（その二）

昭和四十六年の第一次行政代執行の際発生した、反対派の元都立大生・東山薫の事件について、警察側五人を不起訴にした。東山の両親は、警察庁長官浅沼清太郎、千葉県警本部長中村安雄ら責任者と機動隊員を殺人罪と特別公務員暴行陵虐致死罪で告訴していた。

千葉地検は十ヶ月以上にわたる捜査の結果、東山の死因はガス弾によるものではなく、投石によるものと推定したのであった。地検の依頼を受けた千葉大学法医学研究室主任教授木村康は「新型ガス弾か模擬弾の可能性が大きい」と鑑定していたが、地検は東海大学教授斎藤銀次郎に再鑑定を求め、その結果を採用した。木村鑑定は現場の状況と矛盾するとした。

考えてみれば、死因が投石であったとすれば、警察側から投石するはずがなく、しかも後頭部に当っていることからも催涙ガス弾が当ったと云うのは不自然である。

このように、権威ある法医学者が、かくも正反対の鑑定をするのか、司法の判断を大きく左右する大問題であると思った次第である。

（その三）成田警備出動の教訓について

兵庫県警機動隊の副官として、八回に亘り成田空港警備に出動してきたところであるが、その間、大隊長の補佐役としての任務を十分果たすことができたのか、自問自答してきたところである。ただ、今回の貴重な経験をさせていただき、多くの教訓を得られたことに感謝したい。

三人の大隊長に仕えることができた。三者三様の個性があるが、それぞれに立派な指揮官であった。特に青木隊長については和田山署から引き続いてお仕えしたので、指揮能力においても、人間的魅力においても、人を引き付けるものが備わっていると思う。

全国からの応援に来ていた部隊の特色を垣間見ることもできたと思う。中には部隊運用の在り方について、参考にさせていただいたこともあった。

警察庁浅沼長官の訓示を生で拝聴することができ、最高指揮官としての基本的な考えを知ることができたと思う。感激した文脈をもう一度列挙すると、

「中村本部長を中心として思う存分やってほしい。すべての責任は長官が負う」

「周到なる警備、満々たる自信のもとに今回の警備にあたってもらいたい」

「警備に百点満点はない。すべてをやろうとしても無理である。しかし、絶対に守らなければならないところは万全をつくす」

「国民の大部分は警察に大きな期待をもっていると考えている」

「失敗は許されないといって決して思いつめることはない。人事をつくして天命を待つ、結果は天命として与えられるものである。全知全能を出しつくして事にあたるだけである。何事かならざらんやである。自信から生れる余裕を持って警備にあたれ」

最後に成田空港警備出動に最初から最後まで共に携わった大島正司氏の手記を紹介したい。大島氏は、和田山署時代の警備課長であり、いわゆる解放同盟事件の対応に人一倍苦労を重ねた同志である。

それが昭和五十二年春の人事異動で、青木署長と共に機動隊勤務となった因縁浅からぬ仲間である。この度、成田空港警備出動についての手記をお願いしていたものである。

成田空港警備出動の回想

大島正司

一 警備出動の概要

千葉県の成田では、昭和四十年代中ごろから成田空港建設に反対する地元住民及びこれを支持す

るという形での過激派による激しい反対闘争が行われていた。これに対し全国の機動隊、管区機動隊がその警戒、警備のため再三出動しているが、当然本県からも警備部隊が出動している。

　私は昭和五十二年春の人事異動で警備部機動隊勤務となったが、昭和五十三年の春から約一年間にわたり出動、一回当たりの出動日数約二週間、これが八回行われ、総出動日数約百日であった。

（任務は特務斑長及び隊長伝令）

　出動隊員は約二百名、車両は指揮官車・大型バス・マイクロバス・特殊車両など十数台で、高速道路を走行する車列は壮観なものであった。

　因みに神戸を出発してから成田に到着するまでに要した時間は、途中サービスエリアでの四回ほどの休憩を含めて十二〜十三時間であったと記憶している。

　付与された現地での任務は、空港内要点における警戒・警備、および空港に近接したところで行われた、違法なデモ行進およびゲリラ行動に対する警備出動であった。


　なお初回の出動の際、随分緊張する場面があった。それは千葉県の京葉高速道路に差し掛かる前、道路側壁上から過激派による火炎びん投てき等のテロ行為が予想されるとのことで、車列前後に千葉県警のパトカーが警戒走行に入り、我々はヘルメットなどの防護衣を装着し京葉道路を高速で走り抜けたことである。

〜以下印象に残る事象を記します〜
◎空港管制塔乱入（占拠）事案
　昭和五十三年三月二十六日過激派が同時多発テロを敢行、空港に乱入し開港に向けて緒準備が整っていた管制塔を占拠し機器を破壊した事件、我が部隊はこの時すでに成田に出動しており、この日は空港内空港保安協会近くで警備にあたっていた。突然空港警備本部から「管制塔が過激派に占拠され機器が破壊された。職員は屋上に避難、各隊は警戒・警備を徹底せよ」との至急無線が入る。更に空港周辺の各ゲート付近では、同時多発的に火炎びんの投てき、投石、デモ行進、警察無線に対する妨害等が続発する。空港の至る所で黒煙が立ち上り、上空では複数のヘリコプターが飛び交うなど騒然とした状況となった。

屋上に避難していた職員は後刻ヘリコプターにより救助されたが、この事案により、予定されていた開港が大幅に遅れることとなる。

この時のことを振り返ると今も無念さで一杯になる。

◎空港保安協会襲撃事案

管制塔が占拠され同時多発テロが発生したが、その際本県機動隊は、空港保安協会周辺で警戒・警備についていたが、大挙して押し寄せた過激派に取り囲まれ孤立するという事態が発生、火炎びんの投てき、投石、竹槍での激しい攻撃を受け周辺には黒煙が激しく立ち上がった。

懸命に対応したものの防御が極めて困難な地形にあったため、じりじりと詰め寄られ協会内の一個中隊が全滅の危機に瀕した。

この時私は、隊長指示により指揮官車の屋根に上り、拡声器を用いて空港署長名で「暴力行為を直ちにやめなさい」「公務執行妨害、火炎びん取締法違反により逮捕する」等再三に亘り警告を行った。しかしながら彼らはこれを無視し違法行為を継続、保安協会中の隊員が非常に危険な状況に陥った。このため隊長指示により決死の部隊を編成、正面突破による救出作戦を始めた時、他県の部隊が反対方向から過激派を挟み撃ちするような形で前進してきたため、過激派は蜘蛛の子を散らすように逃走し安堵したのを覚えている。

その後、我々は隊長指揮の下、選抜された隊員によって追跡を開始した。犯人が逃げ込んだところは雑木や背丈以上の雑草が生い茂るなど、突如過激派のゲリラが発生しても不思議ではない非常に危険な地帯であった。(空港周辺にはゲリラ活動に適したこのような所が数多くあった)

われわれはゲリラの出現(竹槍、火炎びん、洋弓などによる攻撃)に留意しながら捜索に当ったが、残念ながら犯人の確保に至らず、相当の時間が経過した後この任務は解除された。しかし命の危険を感じる神経の張り詰めた任務であった。


～回想後記～

あの成田警備出動から四十数年が過ぎ去り記憶を辿りながら回想記を記したが、開港の数年前に警備に派遣されていた神奈川県警の機動隊員が、東峰十字路において過激派に襲撃され警察官三名が殉職する事案があった。いわゆる「東峰十字路事件」である。

　この事件はあまりにも残忍、悲惨であったため我々にはその詳細が知らされていなかったが、大よその中身は認識していた。聞くところによると出動した隊員の中には、出動に際し家族と水杯を交わしていた者もいたとのことである。正に命の危険がある警備出動であったともいえると思うが、これらの厳しい任務を果たした経験が、その後の警察人生のみならず人生そのものにある面寄与したのではないかと思っている。

「教養課勤務の事」

昭和五十五年三月の人事異動で私は機動隊から警務部教養課勤務となった。しかも、術科担当課長補佐というポストは、機動隊との繋がりが強く、担当の業務を進めて行く上において恰好のポジションであると思いありがたかった。

　教養課にはこの先二年間お世話になることとなったが、一年目は佐々木章課長、二年目は片山省三課長に仕えたが、お二方ともに心から尊敬できる立派なお方で、多くの教訓を得ることができ、その後の警察人生の方向性を示して下さったと思うのである。ちなみにお二方ともに警察本部総務部長に就任されたのである。

　教養課術科担当補佐の役割は、平たく言えば、警察の術科すなわち柔道・剣道・逮捕術・けん銃射撃・駅伝などの錬成を通じて心・技・体の向上を図ることである。

　その方法として、各種目の全国大会及び県下大会が開催される。全国大会は県全体のレベルアップを図ることであり、県下大会は県内全体の術科レベルの底上げにより警察官全体の術科技術の向上とともに体力及び精神力を養うにある。

当時の術科指導体制は、
柔道＝日高盛種首席師範・神田守副主席師範・貴島徹監督
剣道＝矢野太郎首席師範・堀田国弘副主席師範・宮崎昭副主席師範・山口精介監督
逮捕術＝井上寛首席師範・相馬武雄副主席師範
坂田傳實雄監督
けん銃射撃＝山本忠正警部補・福井紘監督
駅伝特練＝古勝義雄監督・吉田茂コーチ

教養課員一同（昭和57年正月兵庫県公館前にて）

など、雄県兵庫に相応しい錚々たる指導体制であったと思う。

術科担当補佐の業務は、一見単純なようであるが意外に複雑多岐にわたり、目配り気配りを要する仕事であると思った。特に柔道・剣道の先生方はその道を極められ、しかも心・技・体のいずれも整った人格者ばかりである。したがって、私の役割は、先生方との人間関係を深め、術科各部門の機能向上をいかに果たして行くか、その調整を図ることが大事でありいつもその事を念頭に置きながらの毎日であったと思っている。

また、私を支えてくれる優秀なスタッフもおり、すべて御膳立ては整っていた。このような仕事環境の中で二年間過ごせたことは素晴らしい経験であったと思っている。

教養課での二年間は数々の体験をさせて頂いたが一々挙げれば限がないので、特に思い出深い事柄について紹介したいと思う。

◆柔道特練選手がオリンピック金メダルの快挙◆

松岡義之選手は、京都産業大学卒業後、兵庫県警に採用されて新進気鋭の柔道特練要員であった。彼の採用に尽力したのが、柔道監督の貴島徹

松岡選手は、その後嘱望されて小松製作所女子柔道監督として活躍されている。

先生であった。小兵ながら非凡な才能ありと見抜いて採用にこぎ着けたのであった。

松岡選手は、兵庫県神崎郡福崎町出身で、昭和三十二年（一九五七）生まれである。中学生の時、従兄弟に勧められ柔道を始め、地元福崎高校でも柔道部に入り本格的に柔道を始めたという。その頃は柔道が面白くて楽しくて仕方なかったと言っている。その後、関西の強豪校である京都産業大学に入学した。大学時代は世界選手権四連覇を達成した藤猪省太に師事したという。得意技は背負い投げ、身長は一六四cmの小兵であるが、技の切れ味は鋭い。監督からも「面白い」と言って団体戦にも出場させてもらっていたという。

県警に入ってからも、全国大会の選手として登録され活躍していた。彼のその後の実績は、昭和五十七年（一九八二）のハンガリー国際大会で優勝、同年のチェコ国際大会で優勝、同年の講道館杯でも優勝するなど実績を積み上げて来たのであった。

そして遂に昭和五十九年（一九八四）のロサンゼルスオリンピックにおいて、男子六五kg以下級の金メダルを獲得するという快挙を成し遂げたのであった。

◆剣道警察全国大会三年連続準優勝◆

昭和五十五年（一九八〇）秋の警察剣道全国大会が東京の日本武道館で開催された。この大会には、毎年教養課長、次席のほか、剣道主席師範を始め先生方及び術科担当スタッフ全員が、応援に出かけて行ったのである。

剣道は、昨年及び一昨年と準優勝しているので、今大会では是非優勝したいとの思いが強かった。山口精介監督以下選手一丸となって士気も上がっていたと思う。

昭和55年度全国警察剣道大会で3年連続準優勝記念
（日本武道館にて）

剣道の全国大会では、過去には昭和四十一年に一度全国制覇を成し遂げたという実績がある。したがって、夢よもう一度！ということで監督・選手そして応援している誰もが念じていたと思う。

ここで剣道及び柔道の全国大会の仕組みを見てみよう。それぞれ一部と二部に分かれており、一部には八チーム、二部がそれ以外のチームという組み合わせになっており、大会の結果では最下位の二チームが翌年度は二部に降格するという仕組みになっている。我が兵庫県は当然ながら一部に居ることが期待されている。特に剣道は全国大会で有史以来二部に落ちたことはなく、常に上位を保ってきた。

結果は今回も準優勝ということで心残りはあるが、三年連続準優勝という雄県兵庫の底力を示してくれた努力に対し敬意を表したいと思うのである。

◆全国大会で逮捕術が初優勝◆

昭和五十六年（一九八一）秋、東京の日本武道館で行われた警察逮捕術全国大会において、我が兵庫県チームが初優勝を遂げた。

この大会の前々日は柔道、前日は剣道のそれぞれ全国大会があったが、どちらも結果はあまり良くなかったのである。それだけに逮捕術大会は優勝するしかない。大げさな言い方をすれば、教養課長以下スタッフも頭を丸めて帰るしかない、ところまで追いつめられた必死の思いで試合を見守っていた。

それだけに優勝と決まった瞬間の喜びは言葉では言い表せないものがあった。

この度、第四回全国逮捕術大会に初優勝した時の監督をされていた坂田傳實雄先生から手記を頂いたので次に掲載する。

「全国逮捕術大会優勝を顧みて」

坂田　傳實雄

逮捕術優勝監督の
坂田傳實雄先生

昭和五十六年は、ポートピア博覧会が開催され県下逮捕術大会も中止となり、特練員の確保には前途多難、更に同階級での連続出場はできない状況下での人選には苦労しました。当時の竹内補佐を中心に編成に取り掛かり、片山課長自らも獲得に奔走して頂きました。

特練初め式では、「勝利の道に近道はなし」と檄を飛ばされ、特練員は奮迅の気持ちで始めたのでありました。

十一月六日の本大会を控え、遠征等で士気を高揚させ万全を期しての上京でした。しかし、本県の全国術科大会の成績が振るわず、剣道は二部に降格、柔道は一部復活ならずの結果で、三日目の逮捕術に大きくプレッシャーがかかる状況となりました。

片山課長も前夜のミーティングで「是非優勝して箱根の山を越えて帰りたい」と強調され、選手一同は緊張の中で闘志を燃やしたのでした。

日本武道館には午前六時にアリーナ内に一番乗りし、真っ暗い中での駆け足、基礎稽古など調整が整った頃に他のチームが参加してきました。

いよいよ大会が始まりました。初戦の対福岡県戦は、村上主将、笠原、鹿島が連取して試合を有利に進め、田中、川戸も勝ち五対一の勝利であった。

二回戦は昨年に苦杯を受けた対警視庁戦であった。先鋒には最も信頼できる川戸を起用、期待によく答え勝利した。続く田中達夫も二週間前の肩脱臼をものともせず勝利、西川も軽快なフットワークで相手を翻弄し勝ち、下園は惜敗したものの最小限に留め、続く脇田は幹部選手としてその責を全うし四対0は見事であった。ここで、昨年の雪辱を果たし、副将の笠原も辛勝、大将村上は善戦するも惜敗したが、結果は五対二で完勝し、ここで我々の士気が上がる。

対千葉県戦においても、笠原、田中貢、西川、田中達、川戸が勝利し、五対一で完勝した。

北海道戦も川戸、田中達、西川、下園、笠原が勝利し、五対一で完勝、決勝戦へと進む。

全国警察逮捕術大会優勝記念（日本武道館）

優勝戦は、京都との対戦となった。近畿大会では勝利してはいるものの気を引き締めて臨む。先鋒川戸は剣道の達人、さすが落ち着いて勝利に導く。続く下園は引き分け、西川は脳震盪で一時試合中断したものの復活し、二本勝ちは見事であった。田中貢は辛勝、脇田の冷静な試合運びで引き分けた時点で「優勝」が決定した。田中達も完全勝利、大将笠原は全勝賞がかかっているせいか動きが鈍く二本連取され、用具替えの際に優勝チームの「大将として恥ずかしくない試合をせよ」との檄を飛ばしたが、これによく答え、二本連取し「引き分け」にし、大将として立派な姿勢を見せてくれました。結果は四対0の完勝でした。又、川戸、田中達が全勝賞を獲得、どちらも頼りになる選手でした。

発足当初から「和をもって進み、チームワーク」で一致団結を実践してくれた今は亡き村上主将を始め、川戸、永澤、脇田、村上幸のリーダーシップが秀逸でありました。

帰神後、警察本部前に本部長を始め多くの上級幹部の出迎えを受けて凱旋し、本部長申告の栄を果たせたことは生涯忘れ得ぬ思い出であります。

このように全国優勝できたのも井上寛主席師範

のもと兵庫県警察関係者が一丸となり成しえた証であると思います。未だ、二十名（物故者五名）の絆は強く交流を深めております。

「優勝」を機に逮捕術部の後方支援として「ＯＢ会」の発足に際し片山課長を初代会長として長きにわたって活躍を頂き、二代目は二期で準優勝した西墻佐冨士氏が就任、三代目は山本昌宏氏が就任し現在に至っている。

今後、県警逮捕術部の益々の活躍と兵庫県全警察官の受傷事故の絶無を願って報告とさせていただきます。　以上

◆けん銃射撃全国大会で寒川選手が優勝◆

昭和五十六年度の全国けん銃射撃大会・個人の部で、本県けん銃射撃特練員の寒川清和選手が個人の部で見事優勝を果たした。

この年度は、近畿大会では、全国大会の出場権を得ることが出来ず、口惜しい思いをした中で、寒川選手がただ一人個人戦に挑戦した。

全国から並み居る強豪選手が出場する中での頂点を極めたという快挙は素晴らしい事だと心から称賛したい。滅多に人を褒めることのない鈴木槍一警務部長も「唯一人で東京に乗り込んで行きプレッシャーをはねのけて優勝したのは立派である」と絶賛されていたのが印象的であった。

寒川選手についてこんなエピソードがある。けん銃の全国大会には、いつも東京都新宿区にある「兵庫県市ヶ谷寮」を宿舎に使っている。寒川選手が優勝した夜、祝勝会をやることとなった。予定の時刻になっても当人が姿を現さないので、心配した付き添いの古勝氏が屋上に上がったところ、寒川選手が「空撃ち」をしていたので尋ねたところ、「優勝した時の感覚を忘れないようにしている」とのことで、「さすが持っているものが違うな」と感心したという。

本県のけん銃射撃の特練体制は、他府県に比べて決して遜色があると云うものではなく、指導者も充実しており、長年選手として、また指導者と

全国警察けん銃射撃競技大会は東京都中野区の警視庁警察学校で開催されていた。

して本県のけん銃射撃能力の向上に貢献して来た山本忠正警部補は、過ってライフル射撃・アジア大会に出場した実績もあり、人格識見ともに備わった優秀な指導者である。また、監督兼選手の福井紘も技術力・指導力ともに備わり、その後における活躍が期待されている。

本県のけん銃射撃大会での成績が、その後今日までどのような状況であったかは認知していないが、きっと活躍しているのではないかと思っている。

◆警察駅伝大会はじまる◆

警察庁の指示により、昭和五十六年度から全国警察で駅伝を始めることとなった。そして、翌年には全国大会が開催されることが発表されたのである。このため当県においては、体制作りと選手選考を推進していく必要があった。

指導体制としては、山本忠正警部補とともにけん銃担当デスクの古勝義雄警部補を「初代駅伝部監督」に、高校時代陸上部の経験がある吉田茂職員をコーチとして任命された。

選手選考は、第一回県下駅伝大会を、加西市青野原にある陸上自衛隊演習場内で開催して、タイム上位の十五人を選抜して特別訓練要員とした。

これ以後の状況については、初代駅伝部監督の古勝義雄氏からの手記を頂いたので紹介することとしたい。

兵庫県警察駅伝部初代監督を顧みて

古勝　義雄

駅伝部初代監督
古勝義雄氏

八十六歳になったいま、四十年間の具体的な勤務状況を文章にまとめるのは、かなり無理があるが、それを承知で書いてみました。

警察庁の指示で来年から術科のひとつとして「駅伝」を加える。そして競技としても全国大会を実施するとのこと。

初めてのことなのでこれを担当する術科デスクがなく、とりあえず「けん銃術科担当」にやらせようということで、私に御鉢が回ってきたように承知している。

教養課長はじめ上司の苦肉の策であったと思います。

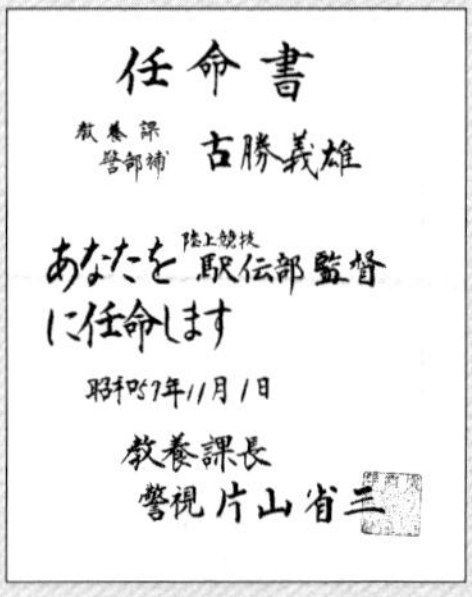

任命書

教養課
警部補　古勝義雄

あなたを陸上競技駅伝部監督に任命します

昭和57年11月1日

教養課長
警視　片山省三

任命書のコピー

組織上、止むを得ないこととはいえ、私自身「けん銃術科担当」だと自負していただけに、まさかのちに駅伝部初代監督に任命されるとはその時夢にも思っていなかった。

偶然というか、幸いにも同じデスクに机を並べている吉田茂事務職員が県立明石南高校生徒時代陸上競技中距離専門の部員であったことから、私が監督、吉田職員がコーチという指導体制が誕生しました。

まず各所属から選手候補を選ばなければならないということで、その方法として急きょ第一回県下駅伝大会が昭和五十六年に加西市青野原にある自衛隊駐屯地内でマラソンコースを設定、周回コースにして開催実施、その選手の中から十五人を選抜して特別訓練要員(＝以下〝特練員〟という。)としました。

体育指導者専科　第８期入校記念
（兵庫県警察学校）

のちに「体育指導専科生」として警察学校に入校することになりました。

監督として、ストップウオッチをもつことが初めての全くの駅伝、全くの素人、それぞれ個性豊かな若い特練員を集めての体制づくりには、やはりそれなりの苦労がありました。

女子選手（交通巡視員）も三人のちに加わり、特練体制が強化されました。

技術的な指導は、ほとんど吉田コーチ（のちに監督）に任せ、練習場所の明石陸上競技場、そしてその近くに出勤場所として指定している明石警察署独身寮集会所などでのチームワーク作り、体調管理に重点を置きました。

また全国大会に備えての「遠征」でも引率責任者の立場で行動しました。

最終目的の第一回全国大会は、いよいよ昭和五十七年十一月二十九日、愛知県中央公園で行われ、成績は大健闘で第七位でした。

上位は、下馬評通り大学駅伝経験者の多い警視庁、大阪府警そして長崎県警でした。

通算成績は、第六位二回、第八位一回でした。

第１回全国警察駅伝大会出場記念
（愛知県中央公園）

監督業は、二年余り「総括」を含めて三年足らずの間でしたが、素人の私が経験ある特練員を指導監督する立場を任されたことを当時の上司に深く感謝するとともに、また特練員とともに全国高校駅伝優秀指導者五指に入る県立西脇工業高校渡辺先生、県立明石南高校吉井先生そして報徳学園高校鶴谷先生の三先生に直接一日コーチと訓練計画等の教示を受けることができました。

結局、駅伝競技の何たるかを知らぬまま、異動離任したこと、今振り返ると冷汗ものです。

とは言え、駅伝競技にかかわったなかで、特に思いが深かったことが二つあります。

ひとつは、駅伝はタイムが全てだということ、当たり前のことですが強く確認しました。

二つは、第一回全国大会の前夜、宿舎で吉田コーチから七人の出場選手の発表があった。区間ごとのゼッケンが手渡されたが、主将のM君の名前がなかった。急速に力をつけてきた若手が受け取った。

M君は最年長、いつも率先して練習に参加し、特練員を引っぱって信望も厚かったが、代った若手に「頼んだぞ」と言葉をかけたのをみて、私は胸が熱くなったことを覚えている。

発足当時の特練員のほとんどが、この一～二年で定年退職となります。やはり、四十年の歳月は長いです。

(以上)

◆剣道日本一の矢野太郎先生の死を悼む◆

昭和五十六年(一九八一)五月十九日、兵庫県警察教養課所属の剣道主席師範・矢野太郎(五十七歳)先生が、竜野市の自宅前で不慮の交通事故に遭われて死去された。

同日午後八時三十分ごろ、竜野市竜野町北竜野の国道一七九号線路上自宅前において、揖保郡新宮町居住の会社員(十八歳)の運転する普通乗用車にはねられ、全身打撲の状態であった。

当時先生は娘さんの車を誘導するために国道に出ていたところを時速五〇～六〇kmで北進して来た車にはねられたもので、直ちに最寄りの栗原病院に搬送され死亡が確認されたものである。

訃報の一報を受けたのが同日午後九時三十分頃であった。剣道監督・山口先生と術科担当・立岡係長と私の三人で矢野先生の自宅に向かった。自宅に到着したのが午後十一時三十分頃であったと思う。おくやみを言ってその後、事故の状況確認のため竜野警察署に向った。

間もなく片山教養課長と秋定次席が到着されたので自宅に案内した。奥さまはじめご親族の方々にお悔やみを述べられた後、突然襲われた悲しみの中にあって、その心情に寄り添われ、今後の御弔いなどについても冷静にして的確な内容のお話をされていたのが強く印象に残っている。

矢野太郎先生のプロフィールを紹介しておこう。

矢野太郎先生の面影

矢野太郎先生は、大正十二年十月十二日、竜野市竜野町で生まれ、旧制竜野中学時代に剣道を学ばれ、稽古熱心でめきめき上達されていた。戦後間もなく警察官となられた。当時は、GHQの占領政策で剣道は軍国主義の象徴であるとの方針で禁止されていた。したがって、剣道をすることが出来ずやむなく柔道に転向し、警察での術科は柔道を専攻していた。先生は根が武道家向きの身体に出来ているせいか、柔道もすぐに上達し、講道館柔道四段の域に達していたという。

剣道が復活すると、又、剣道の稽古に専念され、兵庫県警の代表選手としての地位を不動のものとされたのである。

その後も活躍を続けられ、遂に昭和三十八年（一九六三）度の東京で行われた「全日本剣道選手権大会」において、見事優勝して剣道日本一の栄冠を手中にされたのであった。

その後主席師範に昇格し現在に至っていたもので、県警としても大きな損失であったと云うべきである。

葬儀告別式の段取りを仰せ遣った私と立岡係長は、矢野家の意向を汲みながら奔走し、少年時代から剣道を通じて無二の親友であったという竜野剣道連盟の西谷氏の全面的な協力を得て、通夜を

通夜・葬儀告別式が行われた真言宗・竜宝寺（竜野市大手）

はじめ葬儀告別式は矢野家の菩提寺である竜野市大手にある真言宗・竜宝寺で執り行うことに決定した。

　通夜は、五月二十日午後五時三十分から開催され、葬儀告別式は翌二十一日午後二時に執り行われた。葬儀に先立ち、五月十九日付で警務部参事に昇格、併せて警察本部長より「警察功績賞」が贈られることが決定し、警務部長からその伝達が行われたのである

　葬儀告別式は、地元の名士に相応しく、各界の要人をはじめ多くの人々のご参列をいただき、盛大にして厳粛なる葬儀告別式であり、奥様をはじめご遺族の方にとっても、悲しみの中にもご満足いただけたのではないかと思っている。

　なお、葬儀の冒頭、片山課長の弔辞読み上げの際、矢野先生の生前の功績や人となりについて読み上げが進んでいく中において、私の隣に立って葬儀に参列していた西谷さんが、感無量となられたのか嗚咽が止まらなくなった。それにつられて私も急に涙があふれ出し、悲しみをこらえていたことを覚えている。真の友人の姿を見た思いがして清々しかった。

　ご遺族に代わって示談交渉を進めることとなった。片山課長からは「加害者の少年が賠償責任を保険任せにすることなく、加害責任を重く感じさせることが大事であり、少年の将来のためにもその方がよいのではないか」との指針が示されたので、その方向で交渉を進めることとした。

　加害者がK保険会社の任意保険に加入していたので、同保険会社が交渉の窓口となった。当初は同社の姫路支店が取り扱うこととなっていたところ、社内事情により神戸支店の方に窓口が移ることとなった。

　当方としては、示談交渉を少しでも有利に進め

るためには、相応の知識を持って当たる必要があるので、自算会（自動車事故損害算定会）や県庁内の交通事故相談所、互助会指定の弁護士などを訪問して知識を得たうえで交渉することとなった。

K保険会社、神戸支店の損害査定部自動車査定第二課長児玉氏を通じ交渉した結果、第一回提示額として、・逸失利益・慰謝料・葬儀費の合計を算定し、これに過失相殺を乗じた額を提示してきた。

当方はこれをつぶさに検討したところ、

①逸失利益については、当方の思惑どおりで専門家の見方としても十分誠意ある提示額である。

②慰謝料については、いろいろの事情を考慮してもほぼ妥当としなければならぬ額だが、先生の場合は知名士であり、自宅前での即死事故ということを考慮すれば、そのショックも一段と大きく、もう少しの上積みを要求したい。

③葬儀費については、提示額が妥当とするのが専門家の意見であったが、実際には多くの費用がかかっているので、若干の上積みが出来ないか要望した。

④過失相殺については、最初当方に三十パーセントの過失ありとして提示してきた。この点については、専門家の意見を聴取したところ、残念ながら相手側の主張を大きく変えることはできないという見解が強かったが、当方でさらに検討した結果、次の点を指摘して、当方の正当性を主張した。

ア、スピードの出し過ぎであったこと。

イ、運転未熟によりブレーキ操作を全く行っていなかった状況からして、傷害事故で済んだところを死亡事故にまで至らしめたこと。

ウ、漫然と運転し、発見がおくれたこと。

以上の要求を相手側に示したところ、第二回提示額を示してきた。それによると、慰謝料と葬儀費については若干の上積みがなされており、過失相殺については、当初の三十パーセントから二十パーセントに引き下げられていた。

この二回目提示額について詳細に検討すると

もに専門家の意見を聴取したところ、現在の情勢の中では誠意ある提示額であるとのことで、奥様に説明したうえで了承をえたので示談交渉は決着したのであった。

矢野先生亡きあとの主席師範は、堀田国弘副主席師範が主席師範に昇格した。堀田先生も昭和四十二年度の全日本剣道選手権大会において日本一になられた立派なお方である。

第四章　円熟期

「近畿管区警察学校への出向」

昭和五十七年（一九八二）四月一日付で、兵庫県警から警察庁警視となり、大阪府堺市にある「近畿管区警察学校」に出向を命ぜられた。この管区警察学校というのは、全国七管区ごとに設置された管区内警察官の教育訓練機関である。

私は、この学校には過去八回入校している。最初は、昭和三十三年（一九五八）に当時は大阪城内にあった管区学校に「現任補習科生」として二か月間入校した。

その後管区学校は堺市に移り現在に至っている。昭和三十八年（一九六三）、初級幹部科程に三か月間入校し、新任幹部としての教育訓練を受けた。

昭和四十二年（一九六七）四月、中級幹部科程に六か月間入校した。

これらの外に、警備実施専科生として二か月間入校するなど、延べ十三か月間の学校生活を送ったことになる。

この間、近畿内の各府県の警察官とも交流できたし、他の府県警察の体制や制度、業務の推進状況及び特色など、比較検討することが出来て有意義な場を与えて頂いたと感謝している。

近畿管区警察学校玄関前にて
（中級幹部科程入校中）

特に私が大切に思い出として記憶していることがある。

それは昭和四十二年に中級幹部科程に入校中のことであった。学生寮の同室には大阪府警の山之内氏と奈良県警の渋谷氏と私の三名が入室し、六か月間寝食を共にすることとなったのである。

昔から仏教に関心を持っていた私は、この際、余暇を利用して、学校の図書館で仏教書を借りてよく読んでいた。それを知って、山之内、渋谷の両氏は、「君が勉強している仏教について、そんなに人生において為になるのなら、少しでいいから教えてくれないか」と云われたが、実のところ人に教えるほどには至っていないので、「まだまだご要望にお応えすることはできない」と断ったのであるが、その後も再三にわたり云われるので、仕方なく「お釈迦さまとその弟子」について語る中で、「周梨槃特《しゅうりばんとく》」の話をしたのです。

お釈迦様の弟子の中に、頭が悪く、物忘れのひどい、そのうえ他の弟子からも馬鹿にされ、教団から追い出されようとしていた者がいた。それが周梨槃特である。お釈迦様は、「どんな者でも、一心に修業をすれば、きっと悟りを開く道がある」といって、周梨槃特に、箒と塵トリを与え、「これで毎日掃除をしなさい」と云いました。周梨槃特は、云い付けられたとおり、毎日々々「塵をはらい、垢を除かん」といいながら、一心不乱に掃除を続けました。そして弟子の中で一番早く悟りを開いたのです。

学生寮同室の山之内（大阪府警）
渋谷（奈良県警）両氏と

このような話の影響かどうかわかりませんが、同部屋の三人は、競走して部屋や廊下の掃除はもちろん、共同便所の掃除を他の部屋に先んじてするようになったのでした。根が真面目な人たちでしたので、この話の内容がスーッと腑に落ちたのではないかと思っているのです。

管区学校は、昭和四十四年（一九六九）から、管区機動隊の発足に伴い、訓練入校が始まったのであって、年間二回（一回につき二か月）入校したので、二年間の任期中四回（延べ八か月間）入校したことになる。管区機動隊の入校訓練は、相当厳しかったと思う。第一回は、訓練を指導する者も受ける側も真剣そのものであった為かけが人が続出した。第二回からはこれを教訓として訓練の内容や方法に検討を加え工夫した結果、負傷者は激減したのである。

教える立場の難しさ

管区学校での私の肩書は、最初の一年間は「術科教官室長兼教授」であり、二年目は、「学生科長兼教授」であった。術科教官室長は、管区内の各府県から出向・派遣されている柔道・剣道・逮捕術・けん銃射撃・体育の各指導者を通じて、学生に対する術科技能の向上を図ることが任務とされた。何れの指導者もその道を極められた人格者ばかりであった。これらの指導者との人間関係を深めながら調整機能を果たせたのではないかと思っている。

二年目の学生科長の任務は、学力の向上ではなく、学生の生活面すなわち寮生活を如何に有意義におくらせるか、情操面を通じて幹部警察官としての人間力を向上させるかが、課題であった。

問題は「兼教授」の立場である。管区学校教授に任命されるまでは、常に教えられる方の立場で、人に教えることなどなかった。

兎も角、教授としての役目を果たさなければならない。取りあえず前任の金光信哉教授から引き継いだ指導要領を参考にしながら、カリキュラムに基づいて自分ながらの指導要領作りに取り掛かった。教える科目は「外勤警察」であった。

逮捕術中堅指導者専科入校記念

教案の作成にあたっては、当時はワープロはもちろんパソコンもない時代で、生まれて初めて使う「和文タイプライター」で行っていた。

出来た教案は、教務部長を経て学校長の決裁を仰ぎ、これを基に授業を行っていた。そのような矢先の昭和五十七年五月十三日、「管区学校教授専科」に大阪府警から出向していた平野健一警備教官室長とともに警察大学校に入校したのである。

僅か一週間の短期間であったが、教案作りや実習を通じて管区学校教授としてのノウハウを学ぶことができ、自信もついたと思っている。

やがて本格的に授業が始まった。中級幹部課程は二クラス、初級幹部過程は四クラスあり、午前と午後の二回（初級クラスは四回）全く同じ内容を話すことになる。

午前中の授業では、こちらの気持ちも入り、聞く方の学生の反応も強く跳ね返って来る感じがしていた。ところが午後になると別のクラスでしゃべることとなる。全く同じ内容の授業であるのに、学生たちの反応がまるで違う。何故だろうか?、自問自答の毎日であった。

よくよく考えてみると午後になると昼食も終えそろそろ眠くなってくる影響もあるが、問題は授業する方の我々にあると思った、午前中最初にやる授業は内容や方法など、果たしてこれで良いのだろうか、という不安感と緊張感が心に瑞々しさを生じさせているが、午後になると緊張感も薄れ、惰性で行っているような傾向があるのではないかと思った。

その結果は卒業感想文に如実に表れていた。A

外勤実務専科入校記念

校内体育競技大会の講評と表彰式

組生徒の中には「授業はよく解り為になった」「事例や体験談などをとり入れての内容は興味深く良かった」など、肯定的な感想が多かったが、同じ内容の話をしたB組の感想文をみると、「通り一遍の内容で新鮮味が感じられなかった」「教え方に迫力がなく惰性に流されていた」などの辛口の感想が多かった。

人に教える難しさを感じた次第である。

「管区機動隊入校訓練に思う」

管区機動隊の発足及びその後の活動時状況については、第二章習熟期の中で説明したとおりであるが、その後も長く活動を続けており大きな成果をあげている。具体的な活動内容については、

○成田空港警備については昭和五十二年四月から始まった第一次出動から、昭和五十七年三月までに二十五回に亘り出動した（その後も平成五年七月までの第五十四次まで続いた）。

○日本原自衛隊実弾射撃訓練妨害阻止警備のため岡山県へ出動。その後は日本原自衛隊基地反対闘争が続けられ、その都度岡山県へ警備出動していた。

○原子力船「むつ」佐世保入港に伴う警備のために長崎県へ出動した。その後、米原子力空母佐世保寄港反対闘争警備のため長崎へ、米原子力空母「カールビンソン」佐世保寄港反対闘争のため長崎県へ、また、米国艦船「ニュージャージー」佐世保入港反対闘争のため長崎県へそれぞれ出動した。

○国民体育大会に伴う天皇陛下行幸啓警衛警備のため三重県へ出動（昭和五十二年）

○沖縄海洋博覧会開会式及び閉会式に伴う皇太子同妃両殿下の行啓のための警衛警備で沖縄県へ（昭和五十年）

○沖縄県通行方法変更に伴う街頭活動のため沖縄県へ（昭和五十三年）

○鄧小平中国副総理来日に伴う警備のため奈良県へ（昭和五十三年）

○カーター米大統領来日に伴う警護のため静岡県

へ（昭和五十四年）
○神戸まつり警備に毎年従事（昭和五十一年～）
以上の他多くの警備出動があるが、ここでは割愛する。

これら、管区機動隊の活動状況をみると、発足以来数々の成果をあげてきたことは紛れもない事実である。今や当初のもくろみどおり都道府県の垣根を越えた警備活動の中核として無くてはならない存在にまで成長していると思う。

過って管区機動隊の発足に携わった者のひとりとして誇らしく思うのである。

そんな管区機動隊員の訓練を見ていると、過って兵庫県管区機動隊幕僚として入校訓練をしていた時の情景が思い浮かぶのである。

業務や授業の合間を見て管区機動隊の訓練の様子を見ていると、発足当時よりも内容が厳しくなっているように感じていた。大楯を携行してグランド五十周という「荒行」を日常茶飯事に行っている。冬は未だしも夏季の訓練は堪らない。熱中症になりかけた隊員が木陰で震えが止まらない。上着を脱がせ風を送っている。酷くなると救急車を呼んで病院へ搬送する事例もあった。

木陰で休んでいる隊員に聞いてみると「夕べ学生ホールで大ジョッキでビールを数杯飲みました。今後は無茶をしないよう頑張ります」素直な返事が返ってきた。若者は頼もしい。

熱中症で思い出すのは、私自身の体験談である。昭和五十七年夏の話である。管区学校から大阪結核予防会で人間ドックを受診するため、朝食抜きで午前八時三十分から午後0時までの検査を受けた。採血三回、採尿五回、心電図二回、のほか、眼底検査、腎臓検査、肺活量検査などのハードな検査が続いたが、ちょうど昼に終わったので、早く何処かで昼食をとろうと思ったが、近くには適当な食事処が見当たらず、梅田の地下街に行こうとした。

地下鉄に乗れば一駅であるが、歩く方が早いと思い御堂筋を歩いて梅田地下街にむかった。御堂筋の歩道には街路樹が沢山植えてあるので涼しいと思ったがそうではなかった。真夏の太陽がガンガンと照りつける中を空腹で歩くのである。

辛抱して歩いて行くうちに、ようやく目的の地下街付近に辿りついた時、意識が朦朧として目の前が真っ暗になった。「これはヤバイ、死ぬかも」と瞬間思った。無意識状態で地下街入口の木陰のベンチを見つけ、数分間涼をとったところ、目の前も次第に明るくなり、気分も回復したので地下街のレストランで昼食を頂き、我に返ることが出来たのである。死の恐怖を感じた出来事であったと今も思っている。

学友会機関紙「鉤深」のこと

近畿管区警察学校学友会が発行する「鉤深」という機関紙がある。

題字の意味を解説すると
中国古典の一つ『易経』の中に「鉤深致遠（深きを鉤り遠きを致め）」とある。これは物事の奥に隠された真理や本質を探究することを意味する。

昭和二十一年秋、本校の前身大阪地方警察学校が豊中に開設された際、この鉤深致遠から上の「鉤深」をとって学生寮の名前とした経緯がある。

この機関紙「鉤深」に随想を依頼されたので、寄稿したのが、次の文章である。

行持《ぎょうじ》の道還《どうかん》

竹内　資郎

「諸仏諸祖《しょぶつしょそ》の行持によりて、われらが行持見成《けんじょう》し、われらが大道通達《だいどうつうたつ》するなり。われらが行持によりて諸仏の行持見成し、諸仏の大道通達するなり。われらが行持によりて、この道還の功徳あり。」これは永平寺の開祖道元禅師の書かれた「正法眼蔵」という書物の中の「行持」の巻の一節である。
道元禅師は、正治二年（一二〇〇）京都におい

て内大臣久我通親《みちちか》の子として生まれ、長じて十四歳で出家し、比叡山で学んだ。その後しばらくの間、臨済の祖師栄西禅師（一一四一〜一二一五）に師事したが、二十四歳の時に宋（中国）に渡り、天童山（中国五山の一つ）において師の如浄《にょじょう》禅師（一一六三〜一二二八）の教えを請い、禅に専一し、ついに身心脱落《しんじんだつらく》（解脱＝悟った境地をいう）した。

帰朝後京都において禅の布教活動に努めていたが、迫害を受けて越前（福井県）に至り、現在の永平寺を開いたのであった。

禅師は五十四歳で病没したが、その生涯は、まさに「行」を貫いた一生であった。その「行」を通じて得た教えの集大成ともいうべき「正法眼蔵」は、単に一宗派の教説というよりも、日本の生んだ世界に誇るべき思想書とも評せられており、その教えは、生半可な態度ではとうてい理解することのできない難解難入の書物である、といわれている。したがって私など凡人の立場で、その深渕な教理が容易に理解できようとは思わないが、解説書などを通じて何度か接しているうちには、何となく理解でき、感銘を与えてくれる部分があることに気づくのである。冒頭にかかげた一節もそのうちの一つで非常に含蓄のある文章であり、現在にも通じる真理を示していると思うし、今の自分の置かれた立場に照らしても何となく共鳴するものがあると思うので、ここに紹介するとともに若干考えるところを述べてみようと思う。

さて、「行持」とは、修行者の日常の行為万般、すなわち、行（いくこと）・住（とどまること）・坐（すわること）臥（ねること）をさしていう用語であって「修行」という言葉にあてはまる。端的にいえば、修行する者の一生がすべて「行持」であるということができる。「見成」というのは、実現とか成就という意味であると解される。「大道」とは、行うべき正しい道理であり、「通達」とは、熟達するとか完成するという意味である。また、「道還」というのは、めぐりめぐる状態をいうのである。

したがって、冒頭の一節の意味するところを要約すれば、「われわれの先人がいろいろと苦労して体験＝修行することによって、われわれに多くの成果を遺してくれている。その先人の体験があればこそ、始めてわれわれの仕事を達成することができるのである。反対に先人の体験がそこにあり、その遺した研究がそこにあっても、われわれがなお一歩進んでこれを完成する働きをしなければ、先人の修行は何の意味もなさなくなり生きてこないのである。われわれの修行によって、このような相互関係が実現するのである。しかも、それはめぐりめぐって留まるところがない」ということができるであろう。

今日、日本警察の優秀性が世界に冠たるものとして、その評価をうけるに至っているのは、まさしく、警察の諸先輩が明治維新以来百余年にわたる、たゆまざる「行持」によって築き上げた輝かしい業績のたまものであり、それは、警察組織の一隅に席末を汚す者にとっても、大きな喜びであるとともに誇りでもある。現在のわれわれにとっては、この先輩の「行持」をしっかりと受けとめて、これを次代に引き継ぐ、すなわち、「行持を道還」することに生きがいを見出さなくてはならないと思う。

幸いにして、現在のわれわれは、ここ管区警察学校という警察幹部教養の場において、教職員として、また、学生として、一堂に会する機会を得たことは誠に有難いというほかはない。警察官の使命感や信念の基盤となる警察精神を始め、防犯活動や指導取締及び捜査技術等の警察実務能力、あるいは逮捕術、けん銃操法、柔剣道といった警察術科等、われわれの先輩が研究と実践によって積み重ねてきたいわゆる警察学術を、教官が学生に、学生がさらにそれを部下にと受け継いでいくという、まさに「行持の道還」の一つの節目に立つ者として、お互いに大切にしたいものである。

（教務術科教官室長）

「海上自衛隊術科学校への訪問視察のこと」

管区学校在勤中の思い出の一つとして、旧海軍兵学校跡にある海上自衛隊第一術科学校と幹部候補生学校を訪問視察することができた。

その時の感想は後で述べるとして、旧海軍兵学校とはどのような施設であったのかを見てみたい。

旧海軍兵学校生徒館[6]
（現海上自衛隊第一術科学校校舎）

ここは、明治九年（一八七六）に海軍兵学校として大日本帝国海軍の将校たる士官の養成を目的として創設されたものであるが、終戦後昭和三十一年（一九五六）以降は、海上自衛隊第一術科学校および幹部候補生学校として存続しており、明治時代の赤煉瓦の校舎や大講堂、教育参考館などが遺されている。

海軍兵学校時代の生徒教育の中で特筆すべきものが二つある。一つは、当時、陸軍士官学校が英語教育を廃止し入試科目から外すと、海軍兵学校もこれにならうべきだという声が強くなった。この時、井上成美校長は、「いやしくも世界を相手にする海軍士官が、英語を知らぬで良いということはあり得ない。英語が今日世界の公用語として使われているのは好むと好まないに拘わらず明らかな事実であり、事実は素直に認めなければならぬ。私が校長である限り英語の廃止などということとは絶対に認めない」として、兵学校の英語教育は続けられたのである。

二つは、「海軍五省」の制定である。

一、至誠に悖るなかりしか
一、言行に恥づるなかりしか
一、気力に欠くるなかりしか
一、努力に憾みなかりしか

一、不精に亘るなかりしか
　これは松下元校長が考案されたもので、兵学校の精神を代表するものとして名高い。諸外国の軍人をも感動させたとも云われる。戦後海上自衛隊にも引き継がれている。

　とは言えこの五省は、これをどの程度重視したかは当時の校長や教官の姿勢にも左右されており（永野修身校長の時代には重視されず、唱和されなかったという証言もある）、常に重んじられていたわけではないらしい。また、古参の海軍軍人の中には、文語調箇条書きの五省を生徒に唱えさせることについては、帝国軍人の伝統になじまないとして不快感を表明する者も少なからず存在していたらしい。

　話をもとに戻そう。海上自衛隊第一術科学校と幹部候補生学校訪問時の感想であるが、事前にアポイントを取っていたので、定刻に到着すると案内の教官が迎えてくれた。双方挨拶のあと、まず術科学校の総務部長・鈴木信吉一等海佐、続いて幹部候補生学校の教育部長・白石洋介一等海佐にそれぞれ案内された。表敬の趣旨などを説明して、お世話になる旨を述べて退室した。

　あとは案内教官の誘導に従って校内を見せて貰った。赤煉瓦の校舎（元海軍兵学校生徒館・この建物に使っている赤煉瓦は、イギリスから一個々紙に包んではこんできたもの）、大講堂、教育参考館などを見学して回った。当時その規模では、イギリスの王立海軍兵学校、アメリカの合衆国海軍兵学校とともに、世界三大士官学校のひとつにも数えられていただけあって、威風堂々とした姿には感動した。

イギリス王立海軍兵学校[7]

　また、案内教官の話では、校庭には樹齢何百年という立派な松の木が沢山並んでいるのは、歴代の校長及び教官そして生徒たちが一丸となって守ってきたからである。特に歴代の校長が赴任する際には必ず上司から「校長の役目の第一は、あの立派な松を枯らしてはならぬ」というのが、不文律となっている、とのことであった。また、校内を見て感じたことは、チリ一つなく、きびきびとした動作で行動する自衛官や学生は見ていても気持ちの良いものである。当校では自衛官本来の術技訓練や学問の外に、徹底した精神教育が施されていることを実感した次第である。

「阪神淡路大震災に遭遇して」

平成六年三月、春の人事異動で、私は神戸水上署から西宮署に転勤になった。当時の西宮警察署は未解決事件の特捜本部二件を抱えた大変忙しい所属の一つであった。

一つは警察庁指定一一四号事件、すなわち「グリコ森永事件」であり、今一つは、警察庁指定一一六号事件、すなわち「朝日新聞阪神支局衝撃事件」である。両事件とも、社会に大きな衝撃を与えた事件であった。二つの捜査本部には、刑事部からは北口紀生捜査一課長が、警備部からは、加地宏朗公安二課長がそれぞれ来署して、捜査本部員を指揮督励したあと、署長室に立ち寄り、捜査経過の報告を受けていた。捜査員たちは懸命の努力を続けていたが、年末までには、残念ながら捜査の進展は見られなかった。

明けて平成七年正月を迎えた。西宮署の正月は忙しい。九日～十日にかけて、西宮神社のえびす祭りが有名で人出も多く、全署あげての警備体制を敷いて対処する。十一日の残りえびすも終わり、一息つく暇もなく、次の「門戸厄神」が十八日～十九日に控えているので、これが警備の準備を進めていた、その前日の十七日に、あの「阪神淡路大震災」が発生したのであった。

◆地震発生時の概況◆

まず、はじめに、地震発生日の一日を振り返ってみよう。

国道43号線　西宮市建石町の現場　阪神高速神戸線の高架橋が崩落している状況

平成七年一月十七日午前五時四十六分（官舎にて就寝中）最初、ドーンと突き上げるような衝撃で目を覚ます。続いて大きな横揺れが続く、しばらく頭の中が真っ白になった。揺れは二十秒位続いたであろうか。やがて揺れが収まったので起きて家の中を見回すと障子が外れ、電灯の笠が大きく傾き、居間の戸棚や台所の物が一面に散乱し、本箱や机も大きく位置を変えていた。

間もなく停電したので真っ暗であり、本署に電話しようとしたが番号が暗くて見えない。非常灯を探したが飛んでしまって容易に探しだせない。散乱したものの中から手探りでやっと探し当てたが電池切れか灯がつかない。

枕元にいつも置いている携帯ラジオのスイッチを入れると、「阪神地方で震度五～六の地震があり津波の恐れがある」と報じていた。（実際には震度七であった）

間もなく宿直責任者・青木警部より電話があった。「本署の状況は、建物は大丈夫である。管内の被害状況等は現在不明」とのことであった。

直ちに被害状況の把握と全署員の非常招集を指示した。家の中の散乱している状況はそのままにして火の元の確認を行うとともに、身支度をして官舎を出た。官舎の外周を一回りしてみると、庭が大きく地割れし、エアコンの室外機が倒れるなどしていたが、他に大きな被害がなかったので、官舎を後にして本署に向って歩いた。

本署に近づくにつれ倒壊家屋の数も多く見られ、これは相当大きな被害になると直感したが意外に周辺が静かであったことが不思議なくらいであった。

本署に着くと、署内はごった返していた。救助先からの用具の問い合わせ、受付には救助を求める市民、現場に出動して行く宿直員など、混乱した現場、輻輳した状況の中で署員は走り回っていた。

宿直責任者から状況報告を受け、応招者は、五名一組となって地域を指定し責任者を指名して救助に向かわせた。何組が現場に向ったかは定かではないが、途中で救助活動の合間に帰署してくる者の報告では、「素手で掘り起こすので時間もかかるが、それでも泥まみれ汗だくになりながら懸命に掘り返したが、住民は唯見ているだけで、一緒になって手伝おうとしない」と云っていた。

救助の報告もさることながら、次第に増える遺体収容の数に容易ならざる状況が迫ってくる。いつの間にか気がついてみると、署内には至るところに避難者であふれ返っていた。玄関フロアに、階段に、廊下に、また、宿直室にまで、一時は三百人位いたように思う。

阪神高速道の崩落現場　スキーバスが間一髪で転落を免れた。

午後四時二十分頃、応援部隊の第一陣が着く。以降続々と応援部隊が来てくれた。大阪、京都、奈良、四国管機、警視庁レスキュー隊、中部管機等当日中に約千二百名の応援部隊となる。

正に天の助けとの思いで早速到着と同時に活動区域を指定して、救助活動について貰った。

意外に早い全国からの応援には、今さらのごとく警察の威力を再認識し、心強く感じた次第である。

救助活動は、区域が広範であるのと、未曾有の被害状況の中で、困難を極めたが、県外部隊の到着前に近隣警察署からも、

市内マンションの被害状況　ビルの3階部分が押しつぶされている。

自主的応援部隊や自署員とも協力し、力の限りガレキの下からの救助活動が続いた。

時間が経つにつれて被救助者の数は少なくなり、反対に既に遺体となっている者の収容も想像を絶するものであった。管内四十二か所の遺体収容場所への捜査員の派遣による検視もまた大混乱を極めた。

◆署員の参集と被害状況の把握◆

地震発生から一時間以内に当番交番勤務員以外に約五十〜六十人が集まったと思う。西宮市以外の在住署員が多く、交通網は遮断され、参集率はあまりよくなかったが、当日中には署員の九十パーセントが非常参集に応じた。参集者の中には、自宅が倒壊し、家族ともに避難所から参集した者もいた。また、後で分かったことであるが、自宅で家具に当たり、肋骨にひびが入っているのに気がつかず参集した者もおり、気が張っているので二〜三日は分からなかったという。

市内の店舗や民家の被災状況

署員の参集状況を勘案すると、さまざまなシフトを整えるのが段階的となり無理があったのも事実だが、管内の状況把握をするために四〜五人を一組とし、責任者と活動区域を指定して地域の被害状況の把握に努めた結果、その日のうちにはおおよその被害は把握できたと思う。しかし、それはスムーズに事が運んだわけではない。一旦署を出ると目的地に行くまでに途中で救助を求める人たちに捕まってしまい、素通りすることもできず、そのため、全体的な状況把握にはどうしても遅れがちとなってしまった。

◆応援部隊に力を得て◆

夕方四時二十分に四国管区から来た応援部隊を始め、大阪、京都、奈良の各機動隊、警視庁レスキュー隊及び中部管区機動隊など当日中に約千二百名の応援部隊が駆け付けてくれ、誠にありがたかった。特に警視庁レスキュー隊は、自分たちで指揮本部を設置して行動してくれた。

その後も続々と応援部隊が来てくれたが、遠く北海道からも「北海道警備隊」が新日本海フェリーで小樽港から十三時間かけて来てくれたのには恐れ入った次第で、署員にも勇気と活力を与えてくれた。

このように応援部隊が全国規模で迅速に行われたのは、かつて兵庫県警察本部長をされていた國松孝次警察庁長官の大号令があったと承知している。

さらに、長官は、その後いち早く被災地を視察された状況を天皇陛下に報告したところ、「警察官は困難な状況の中でよく頑張っている。健康に気をつけて頑張ってほしい。」とのお言葉を賜った、とのことで、署員や各応援部隊に伝えてほしい旨の本部長からの伝達があった。現場で活動する署員や隊員にとって、どれだけ勇気づけられたかは計り知れない。

応援部隊は、国内ばかりではなかった。フランスからの部隊が西宮署にやってきた。彼らが持っているノウハウが不明だったことと、連絡が入った時点では管内の救助活動がほぼ終息段階であったことにより、彼らの活躍の場がなかったことが残念であった。彼らの持っていた救助活動のノウハウというのは、救助犬を帯同し、倒壊ビル等の中に居る被災者の生存の有無を確認し、生存被災者を救出する、というものであった。その状況に該当する場所が二か所あった。一ヵ所は、甲子園口北町に所在する七階建てマンション「ホーキビル」であり、今一つは、仁川町六丁目、仁川百合野

仁川地区の山崩れ現場で救助活動中の警視庁レスキュー隊

町一帯の山崩れ現場である。

　マンション「ホーキビル」は、七階建てビルで、一、二階は店舗、二十一所帯三十四人が入居していた。今回の地震により倒壊し、死者十四人（男三人、女十一人）、救出者一人（九歳の男児が奇蹟的に助かる）、行方不明者四人であった。

　仁川町六丁目、仁川百合野町一帯の山崩れ現場は、三十四名が生き埋め、死者二十八名、生存者二名、行方不明者四名であった。

　フランス救助隊（六十人・犬四頭）は、一月二十一日、午後三時三十分、西宮署に到着した。署長室で代表者六名に対し、馬馬順三西宮市長同席のもと署長から被害状況の説明を行った後、直ちに「ホーキビル」に向った。現地では、通訳を介して現場の状況を改めて説明した。救助隊の隊長は、「兎も角、生存者を確認するため、救助犬を投入してみる」といって、帯同して来た四頭の救助犬をがれきの山に放ったが、「生存者は確認できなかった」とのことであった。

　次に向ったのは、仁川町六丁目、仁川百合野町の山崩れ現場であった。ここは警視庁レスキュー隊と北海道警備隊が救助活動を行っていた場所であるが、フランス隊に土砂で覆われた現場に救助犬を放ってもらったが、生存者の確認はできなかったのである。

　結局、第一現場の「ホーキビル」からは、その後、不明者の四名は遺体で発見されたのである。

　また、第二現場の仁川の山崩れ現場では、一月

フランス救助隊が西宮署到着　署長から状況説明を行った。

フランス救助隊「ホーキビル」に到着。通訳を介して救出方法の打ち合わせを行う。

二十九日にようやく最後の一体（七十五歳の女性）が、遺体となって北海道警備隊（楢林隊長）により発見収容されたのであった。

その後もイギリスからも救助隊の派遣があったが、あまり活躍の場がなかったことは残念に思う。こういう場合、国・県・市等の行政がもっと速く受援の判断とノウハウの確認をすべきだったと思っている。

◆困難を極めた遺体収容と検視活動◆

被害の全容が見えてきたのは三日くらいしてからのことである。

死者数の把握はもっとも困難なことのひとつであった。管内の遺体収容個所は、四十二か所に及び、それぞれに速やかに検視官を派遣するのは至難の業であった。

また、遺体収容所に運んだものの、立ち会う医師がおらず困難を極めた。二日目から徐々に集まり、最終的には計百二十四人の医師が集まってくれた。

救出されても、病院への搬送、受け入れ態勢が問題になることも想定される。地域の病院が機能できなくなった場合等のあらゆる状況を想定した体制整備と検視医師の確保が必要であると痛感した。

検視状況について現場の生々しい実態について、検視の総括指揮に当った当署の内町敏庸刑事官が手記を遺しているので次にその抜粋を紹介する。

「……地震発生初日は全員一睡もせず、夜明け前から検視に出かける。誰の顔にも生気などまったく見られない。

次の日からは遺体をできるかぎり西宮市立中央

体育館にすることとした。四二箇所に派遣する捜査員の数も足りない。

検案医師も五～六名応援に駆けつけてくれたが、いちいち医師の氏名の確認もせず現場へ案内する。それも徒歩で。

自分の経営する病院が地震で倒壊したのでボランティアとして検案するために駈けつけてくれた医師もいた。

困ったことには、これらの医師は平素は生体のみの医療行為に当たる医師である。検案書の死因の記載が分らず、「大地震による家屋倒壊による圧迫死、又は窒息死がほとんどでないですか。」と示唆した。

翌十八日午後から、前日に兵庫医大佐竹医師が検案した死者の遺族が検案書を受け取りに来署する。しかし、一人で百体近くの検案をしており、その検案書の作成が遅れ署に到着しない。

遺族は一刻も早く死亡届をしたいがため待ったがきかず、部屋に入れ替わり立ち替わり遺族が検案書の作成の遅れに対する文句を言いに入ってくる。

遺族を道場に集め説明する一方で、六法全書の戸籍法をひもとくとともに、西宮市役所戸籍係との連携を密にする。

関東大震災の際に発出された死亡届の特例通達の存在することを確認する。

「検視、検案済証明書」を作成し、死亡診断書、死体検案書に代えて死亡届が受理されるように処置するとともに、戸籍係に残業を依頼し、その場の混乱を収拾した。……」

刑事官からは、その都度検視状況について報告を受けていたところであるが、このように手記に記された様子を改めて見ると、当時の捜査員の苦労の程が生々しく蘇ってくるのである。

◆遮断された交通網と渋滞緩和対策◆

交通機関即ち鉄道及び幹線道路が、西宮署管内で殆んど崩壊等により交通網が遮断されていた。その状況は次のとおりである。

○東海道新幹線は管内の三か所で崩落していた。これは新幹線の始発前の時間帯であったことが幸いした。
○JR線が当署管内で線路が崩壊し、電車が脱線したため不通となった。
○私鉄（阪急電車・阪神電車）が、いずれも当署管内で線路が崩壊し不通となった。
○阪神高速神戸線が、東灘区から西宮市内にかけて大崩落のため通行止めとなった。
○阪神高速湾岸線の昨年四月に開通したばかりの西宮浜大橋が崩落し通行できなくなった。
○国道二号線の夙川橋に大きな段差ができたため一時通行止めとなる。
○国道一七一号線（通称西国街道）の門戸陸橋が崩落のため一時通行止めとなる。
○名神高速道路の西宮スタジアム付近で橋脚落下のため通行止めとなる。
○山口町方面に抜ける磐滝トンネルの壁面が崩落したため通行不能になった。
以上のように、東西の交通網は西宮市内において完全に遮断されたと言っても過言ではない状況であった。

交通部隊による緊急物資輸送路の確保に努める

新幹線について崩落現場を見て驚いた。神戸トンネルを出た所の高架部分が崩落しているが、よく見ると高架を支えるコンクリート支柱の外壁が剥がれており、木材板が貼りつけてある。付近の住民が見て「工事の手抜きではないのか」と指摘していたのが強く印象に残っている。もし、新幹線の運転時間帯であったらどうなっていたかと思う。
亀井静香建設大臣も早期に現場へ視察にやってきた。したがって、当局の復旧工事は早急に進められていったので、比較的早く復旧することができたと思う。
JR線及び私鉄の阪急・阪神各社も急ピッチで

復旧工事に執りかかった。特に阪急電車の高架部分について、高架下を店舗に貸し与えている部分の復旧工事に着工するため、地震後数日を経ずして、契約借主の承諾を取り付け、突貫工事に着手したことは、驚嘆に値する手際の良さであったと感じ入ったことを覚えている。

問題は道路交通網の復旧状況である。東西交通網の大動脈である国道二号線については、夙川橋東詰の段差の補修である。これは建設省国道事務所の努力により、速やかに解消することができた。

民間マンションの被災状況　左半分が大きく傾いている。

阪神高速神戸線及び湾岸線については、復旧には相当時間を要すると思われた。なお、神戸線の下を走る国道四十三号線については、部分的に障害物を排除するなどして、上下線とも一車線ながら通行できるようになった。

この間、救援車両等の円滑な運行をはかるため、地震発生時から交通専務員を中心に主要道路の交差点において、緊急自動車の誘導を優先的に交通整理を実施した。

一月十九日から国道四十三号線、国道二号線については、「災害対策基本法七九条」による交通規制が実施されたため、県外部隊を主部隊として各交叉点に所要の人員を配置して交通規制に従事させた。

一月二十五日から国道四十三号線、国道二号線の二路線が「道路交通法」による交通規制が実施された。

なお、この規制に伴う交通要員の配置は、県災害対策本部の直轄部隊として二百名が西宮署に派遣され任務に従事した。

管内の一般道路（県道・市道）等の交通規制については、警察は交通規制は行わずに、道路管理者がその権限により交通規制を行った。

災害対策基本法及び道路交通法による交通規制に伴う、期間中の許可証交付数は

・災害対策基本法によるもの　五千百件
・道路交通法によるもの　九千百件

合計一万四千二百件の許可事務を処理した。

◆治安対策及び防犯活動◆

諸外国の例に見るように地震直後の略奪や強盗などをまず心配したが、幸いにもあまりなかった。それも、一つはマスディアによる迅速正確な情報の供給と、応援派遣された警察官による二十四時間態勢の警戒活動があったからだろう。応援が多かったので避難所には発生から三～四日で臨時交番を設置することができたし、避難所生活者の心のケアを行うため、女性警察官で編成した「のじぎく隊」(これは好評だった)の巡回によって不安解消の助言等ができたのはよかった。

ちなみに、管内の避難所の状況は、一月十八日には、百二十か所で避難者数は二万七千九百人で、一月二十日の百九十四か所、約四万五千人をピークに、段階的に減少し、二月二十日には百四十九か所、一万三千二百人となり、三月三十一日現在では百三か所五千二百八十六人となった。

大阪警備業協会会長とボランティア活動についての打ち合わせを行う。

そのほか、民間のボランティア活動として、尼崎中央、尼崎北の各防犯協会、西宮夙川ロータリークラブ員及び大阪警備業協会が防犯パトロールを実施し警察支援活動を行った。

◆天皇皇后両陛下の行幸啓に伴う警衛◆

平成七年一月三十一日、阪神淡路大震災の避難者をお見舞い激励のため、天皇皇后両陛下は西宮

市立中央体育館（県下最大の避難所）を始め、芦屋市、神戸市及び淡路島を訪問されることとなったのである。

当日、私は午前七時五十分に中央体育館に現着し、配置個所等の点検をし、異常なしを確認した。会場の警戒は福岡県機動隊が担当し、私服でこれに当ることとした。また、エリア百メートル周辺は、県内応援部隊が当たり、芦屋市境界までの沿道は中国管区機動隊、九州連合県機と本県交通部隊がこれに当たることで万全を期した。

両陛下は午前九時五十九分、体育館に隣接する総合グランドに自衛隊ヘリで御着。中央体育館前で貝原兵庫県知事、馬場西宮市長から被災状況の説明を聞かれた後、中央体育館の中に入られた。

体育館の中は数千人の避難者であふれ返り、狭い通路の両側に坐って両陛下を迎えた避難者に対し、両陛下は各避難者を丁寧に激励された。皇后様は一人一人の手をとってお言葉をかけられた。天皇陛下はジャンパー姿で避難者にやさしく接していられた。避難者は皆感激していた。その印象的な光景を間近かで実感することができ、敬虔な気持ちになったことを覚えている。

その後、両陛下は午前十時五十三分、体育館前をバスで発車され、芦屋市立精道小学校へと向かわれた。

この度の御警衛は、目立たない警衛であり、被災地激励にマッチしたものであったと思う。

◆被災状況の再確認◆

これまで述べてきた震災状況は、地震発生時及びそれに近接した時点でのもので数字的にも確定したものではなかった。そこで一応三月三十一日時点での状況を再確認しておきたい。

①人的被害

死者　九百三十五名（男三百七十二名、女五百六十三名）で、死因の九十パーセントが圧迫死か窒息死である。

②家屋等の損壊状況

・全壊家屋　一万九千五百棟

・半壊家屋　一万六千三百棟
・焼失家屋　七十一棟
③ライフラインの被災状況
・水道＝十七万二百三十世帯が供給不能
・ガス＝十七万四百世帯が供給不能
・ＮＴＴ＝三万四千回線が不通（全契約数十九万八千回線）
・電気＝十七万六千世帯が供給不能
これらは、段階的に解消されたがガス・水道は復旧に相当の時間がかかった。
④医療関係施設の被害状況
医療関係施設は西宮市内に三百七十四施設あった中で、一月二十二日現在で、
・診療可能施設は二百九十施設、診療不能施設は八十四施設であった。
・全壊施設数は二十七施設（診療所二六・病院一）であった。
・半壊施設数は四八施設（診療所四五・病院三）であった。
⑤公共施設等の被害状況
・西宮市役所＝地下三階、地上八階建鉄骨鉄筋コンクリート造の庁舎が六階以上が半壊した。
・学校＝香炉園小、苦楽園小、広田小、上ヶ原小、上ヶ原南小、段上小、大社小、上ヶ原中、甲陵中、市立西宮西高、大社幼稚園の十一施設が半壊した。
⑥商店街の被害状況
・阪急北口商店街（北口町）の六十五店舗は、古い木造建築を中心に商店街の店舗は壊滅的状態である。
・阪急高架下商店街は、阪急電鉄高架部分」のねじれ等によって内装が崩壊し、大部分の店舗が全壊状態である。
・西宮中央商店街（田中町、馬場町）の百店舗は木造を中心に一階店舗部分が崩れ落ち、アーケードは辛うじて残ったが、店舗の中に入れない状態で破滅的崩壊状態である。

◆支援に感謝あるのみ◆

地震発生直後から、近隣警察署からの自主的応援をはじめ、全国の警察・北は北海道、南は九州鹿児島県までの機動隊、管区機動隊、連合部隊、のじぎく隊（婦人警察官）、パトロール隊及び特殊車両の応援を頂いたことはほんとうに有難かった。署員全員心から感謝している。応援を頂いた県外応援部隊名をここに紹介し、感謝の気持ちを表したい。

・北海道警備隊
・警視庁機動隊
・警視庁レスキュー隊
・関東管区機動隊

応援部隊離任あいさつ（西宮球場前広場）

・関東第二機動隊
・神奈川県警機動隊
・神奈川県第二機動隊
・愛知県機動隊
・中部管区機動隊
・京都府機動隊
・大阪管区機動隊
・大阪府機動隊（一機）
・近畿管区機動隊
・香川県管区機動隊
・愛媛県機動隊
・高知県機動隊
・四国二機連合部隊
・中国管区機動隊（廣島、岡山、山口）
・九州管区機動隊
・福岡県警機動隊
・九州連合県機動隊（熊本、大分、長崎、佐賀、宮崎、鹿児島）
・埼玉県警（キッチンカー）
・栃木県警（キッチンカー）

・群馬県警（キッチンカー）
・千葉県警（のじぎく隊）
・神奈川県警（のじぎく隊）
・愛知県警（のじぎく隊）
・京都府警（のじぎく隊）
・大阪府警（のじぎく隊）
・広島県警（のじぎく隊）
・静岡県警パトロール隊
・神奈川県警パトロール隊
・長野県警パトロール隊
・福井県警パトロール隊
・岐阜県警パトロール隊
・滋賀県警パトロール隊
・京都府警パトロール隊
・和歌山県警パトロール隊
・大阪府警パトロール隊
・鳥取県警パトロール隊
・大分県警パトロール隊
・佐賀県警パトロール隊
・長崎県警パトロール隊
・千葉県警第三機動隊（警衛車両）
・大阪府警自動車警ら隊
・和歌山県警投光車

以上、延べ二万四千名余の応援を得たのである。

もちろん、これらの応援部隊を派遣した都道府県警察に対しては、後日、県知事並びに警察本部長からの感謝状が贈られたところである。私も北海道警察本部を訪れ、両感謝状の伝達を行った。

その際、北海道警備隊長として西宮署で長期間活動された楢林警視（当時通信指令課長）を表敬して、直接感謝の意を伝えられたことは幸いであったと思っている。

応援部隊の救助活動の様子（ビル倒壊現場にて）

最後に、近隣警察

署からの自主的応援部隊員の派遣を始め、お見舞いの金品など物心両面のご支援を頂き、また、多くの企業や各種団体・個人からも飲料水の提供、その他署員のための援助物資を頂き誠にありがとうございました。

さらに、全国のたくさんの皆様から、お見舞いや激励の電話・はがき・手紙など多数頂きました。

地震発生からしばらくは、不眠不休の勤務が続き、何時になったら心身が休まることができるのだろうか、先の見通しが立たない中で、皆様からいただいたご支援や激励は、心が折れそうになった我々にとって、この上ない勇気と活力をいただいたと思い、只々感謝にたえません。ほんとうに有難うございました。

（おわり）

出典

1 大阪府日本万国博覧会記念公園事務所「太陽の塔オフィシャルサイト」
https://taiyounotou-expo70.jp/about/expo70/

2 警察庁「『焦点』警察庁　第２７１号」
https://www.npa.go.jp/archive/keibi/syouten/syouten271/japanese/0302.html

3 時事メディカル「緊迫の１３４時間をどう乗り切ったか ～41年前、ハイジャックに遭った医師～」
https://medical.jiji.com/topics/826

4 時事通信社「要人警護 写真特集」
https://www.jiji.com/jc/d4?p=gar555-jlp01631341&d=d4_ter

5 HuffPost Japan「浅間山荘事件から45年。視聴率90％、日本中が息をのんだ瞬間（画像集）」
https://www.huffingtonpost.jp/2017/02/18/asama-sansou_n_14842826.html

6 広島の建築・都市を紹介するサイト arch-hiroshima「海上自衛隊第１術科学校・幹部候補生学校／旧海軍兵学校」
https://arch-hiroshima.info/arch/hiroshima/jmsdf_school.html

7 フリー百科事典 ウィキペディア（Wikipedia）「海軍兵学校（イギリス）」
https://ja.wikipedia.org/wiki/%E6%B5%B7%E8%BB%8D%E5%85%B5%E5%AD%A6%E6%A0%A1_(%E3%82%A4%E3%82%AE%E3%83%AA%E3%82%B9)

あとがき

本文を書き終えた今、あらためて揺籃期から円熟期までの我が機動隊人生を振り返ってみると、決して平坦でまっすぐな道のりではなく、登り坂もあれば下り坂もあり、曲がりくねった道もあれば、障害物が邪魔したり、泥で汚れた道もある。さらに、落ちる危険を孕んだ崖っぷちの道や熊や猪などが出没するケモノ道など、正に〝激場〟そのものであったと思う。

一方、人間関係では誠に恵まれていたと思う。中には一部反面教師的な上司もいたが、ほとんどの上司は、人間的魅力のある立派な人格者であり、見習うべきところが多かったと思う。

同僚にも恵まれていたと思っている。足を引っ張ったりするような人間は一人もなく、お互いに切磋琢磨して、さらに高みを目指すという良い意味での競争心を強めていたと思っている。

後輩や部下たちについても、私を信頼して心から支えてくれる頼もしい人物ばかりであったと感謝している。

最後に、本文の中には一度も登場させて来なかった家族のことについて話しておきたい。私の口から言うのは憚られますが、私の妻は本当に良くできた伴侶でした。仕事上、単身赴任や長期の入校及び入隊、県外への警備出動など、子供の大切な養育時期にはほとんど家を留守にしていたにもかかわらず、妻は二人の娘にも惜しみない愛情を注ぎ立派に育ててくれました。

日頃から口には出しませんでしたが、単身赴任中の食事や健康状態について何時も気遣っていたようだし、県外の警備出動の時など、「危なくないのか、無事に帰ってこられるのかを考えると心配で心配でたまらなかった」と、後日になって述懐していたのを思い出す。

また、反面教師に叩かれて、心が折れそうになったときも、私の背中をそっと押してくれたこともあり、やる気を取り戻したこともあった。

阪神淡路大震災の時には、長期間ガスも水道も供給停止の状態で、官舎での生活は出来ず、警察署で寝泊まりしていたので、長い間入浴もできなかった。地震発生から二十日目の二月五日に、妻と娘たち家族は携行ガスコンロを持ってきて、四時間かけて洗面器で湯を沸かし、浴槽に入れてくれたので、始めて風呂に入ることができて嬉しかったのを覚えている。

これら妻と家族の支えを「内助」と言う二文字では語ることはできないと思うのである。

妻　竹内哲子は令和三年三月二十九日、享年八十四歳にて悠久の眠りにつきました。今は共に紡いだ想い出を抱きしめながら『ありがとう』の言葉で青く澄んだ大空へと見送ります。

竹内　資郎

令和三年五月十五日

竹内資郎（たけうち しろう）

昭和11年兵庫県で生まれ、県立北条高校卒業。
昭和31年兵庫県警察官拝命、約40年間勤務。
その間、警部までの各階級で機動隊勤務を経験。
昭和57年警視に昇任し、近畿管区警察学校教授、網干署長、
神戸水上署長、阪神淡路大震災激震地の西宮署長を歴任し、
平成９年県警本部生活安全部長を最後に定年退職。
平成26年秋の叙勲で瑞宝小授章を受章。

退職後は兵庫県加西市所在の古法華石彫アトリエ館に所属し、
十一面観音菩薩立像、釈迦涅槃像、七福神石像の外、
薬師三尊磨崖仏、阿弥陀如来磨崖石像及び達磨尊者磨崖石像
など30数体の石仏を彫る。
現在も仲間と共に石仏を彫っている。

ドキュメント 激場 ～機動隊員奮闘記～

2021年７月13日　初版第１刷発行
2021年10月８日　初版第２刷発行

著　者　竹内資郎
発行所　学術研究出版
〒670-0933　兵庫県姫路市平野町62
［販売］Tel.079(280)2727　Fax.079(244)1482
［制作］Tel.079(222)5372
https://arpub.jp
印刷所　小野高速印刷株式会社

ISBN978-4-910415-65-9